作者簡介■

愛德華・甄克思

(Edward Jenks 1861~1939)

英國法學權威，曾任英國牛津大學法律學高級講師（reader）。

譯者簡介■

嚴　復（1854～1921）

福建福州人，初名傳初，改名宗光，字又陵，後又名復，字幾道，晚號野老人，中國近代啟蒙思想家、翻譯家。

嚴復系　地將西方的社會學、政治學、政治經濟學、哲學和自然科學介紹到中國，他陸續翻譯了《天演論》、《原富》、《群己權界論》、《群學肄言》、《社會通詮》、《法意》、《穆勒名學》、《名學淺說》等八部名著。他的譯著在當時影響巨大，是中國二十世紀最重要啟蒙譯著。嚴復的翻譯考究、嚴謹，每個譯稱都經深思熟慮，他提出的「信、達、雅」的翻譯標準對後世的翻譯工作產生深遠影響。

社會通詮

A History of Politics

愛德華・甄克思 著
嚴復 譯

臺灣商務印書館

救亡圖存，富國利民

臺灣商務印書館重印嚴復先生翻譯名著叢刊序

祖父嚴幾道先生，身當清末衰頹之世，首先有系統的把西方的觀念和學說引進中國，因為他看到了中國面對的危機，必須救亡圖存，全盤維新。祖父的一生，他的所學、所思、所為，離不了憂國之心，愛國之情。

祖父譯述之西方名著，包括《天演論》、《原富》、《社會通詮》、《群己權界論》、《孟德斯鳩法意》、《群學肄言》、《名學淺說》、《穆勒名學》等八部巨著，原先已由商務印書館出版，稱「嚴復先生翻譯名著叢刊」，絕版已久。現臺灣商務印書館決定重新編排發行這八本書，以饗讀者。囑我為序，謹識數語，以表我對祖父的思慕。

一八九四年甲午戰爭之敗，給祖父的刺激最深，當年十月他給長子嚴璩的書信中痛心的說，清廷「要和則強敵不肯，要戰則臣下不能」，國事敗壞至此，非變法不足以圖存。他接著在一八九五年發表了四篇充滿血淚的文章，「論世變之亟」、「原強」（原強續篇）、「闢韓」、「救亡決論」，提出中國振衰起敝的辦法，強調必須認清中國人自己的缺點，吸收西方的優點，以「鼓民力」、「開民智」、「新民德」，再造富強，所以有學者認為嚴復是清末維新運動中一位最傑出的思想家和言論家，誠可信也。

祖父是一位典型的中國知識分子，他對時代具有強烈的使命感，以天下為己任，企盼國家富強，人民安樂。他服膺孟子「民貴君輕」的主張，所以他的「闢韓」論，駁斥韓愈「原道」中所謂「君者，出令者也……民者，出粟米麻絲，作器皿，通貨財以事其上者也。」他說韓愈只「知有一人而不知有億兆」人民。祖父希望發揚的是西方自由主義啟蒙思想的民主概念，以「新民德」，而臻富強。

祖父一生，處於國力積弱、戰亂頻仍的時代，在政治上難以發揮，轉而引介西方學術思潮，從事中西文化的整合與重建工作，對中國現代化具有深遠的影響。

祖父的譯述工作，提出了「信、達、雅」之說，用力甚勤，故梁啟超曾說：「文「近人嚴復，標信達雅三義，可謂知言。」清末桐城派文學家吳汝綸也說：「文如幾道，可與言譯書矣！」又說：「自吾國之譯西書，未有能及嚴子者也。」今臺灣商務印書館重印祖父譯書八本，當可印證其歷久常新也！

祖父翻譯西方名著，重在思想之傳播，而非僅僅文字之傳譯，他認為「一理之明，一法之立，必驗之物事。物事而皆然，而後定之為不易。」所以他在譯書中也會表達自己驗證的意見，希望真正做到富國利民，以達不朽。

嚴倬雲　謹識

嚴復先生與商務印書館

一九二〇年代以前，商務印書館編譯所在創館元老張元濟的主導下，出版了許多介紹外國新知識的翻譯書，對中國的現代化產生重大的影響，其中影響最大的，應該是嚴復譯介英國學者赫胥黎（Thomas Henry Huxley）的《天演論》（Evolution and Ethics）。

翻譯《天演論》，影響深遠

達爾文（Charles Darwin）在一八三一年乘坐小獵犬號探險船環球旅行五年，蒐集有關物種進化的證據。回到英國後，又花了二十年的時間加以研究整理，到一八五六年開始寫作，一八五九年出版《物種原始》（Origin of Species），提出物種進化的證據，引起學術界和宗教界一片嘩然。

赫胥黎本來是反對物種進化理論的，當他看完達爾文的《物種原始》後，恍然大悟，從此非常積極支持進化理論，甚至於一八六〇年在牛津大學講堂，與威博佛斯大主教（Bishop Samuel Wilberforce）公開辯論，威博佛斯譏笑赫胥黎的祖父母是否來自哪一個猿猴？

赫胥黎從此努力研究進化論，甚至提出人類進化的證據，證明猿猴與人類的大腦構造是相同的。他把有關的研究寫了許多本書，其中《進化與倫理》（Evolution and Ethics）是討論有關進化的倫理問題，提出物競天擇、適者生存等理論，於一八九三年出版。

留學英國，譯介西方名著

嚴復於一八五四年陽曆一月八日在福州出生，家中世代以中醫為業。十三歲喪父，遂放棄科舉之途，十四歲進入福州船政學堂學習駕駛，四年後成為學堂的第一屆畢業生，先後分發在「建威艦」、「揚武艦」實習五年。

一八七二年，他取得選用道員的資格（正四品，可以擔任地方主官），乃改名嚴復，字幾道，於一八七七年三月前往英國格林威治皇家海軍學院（The Royal Naval College, Greenwich）學習。兩年後學成返國，在他的母校福州船政學堂擔任教習，翌年升任天津水師學堂總教習，一八九〇年升為總辦（校長），但與李鴻章意見不合，有意另謀發展，一八九五年甲午戰後，開始在天津「直報」發表文章，主張變法維新。

一八九六年，張元濟進入總理衙門服務，開始勤讀英文，認識了嚴復。次年，在嚴復的協助下，張元濟創辦西學堂（後改名通譯學堂），傳授外國語文，聘請嚴復的侄兒嚴君潛擔任常駐教習。這一年（一八九七年），嚴復與夏曾佑等人在天津創辦「國聞報」，宣揚變法維新以圖存的主張，並開始連載刊登他所翻譯的《進化與倫理》，改名為《天演論》，介紹西方最新的「物競天擇、適者生存」理論。

一九〇五年《天演論》由商務印書館出版。嚴復在自序中說：「赫胥黎氏此書之怡，本以救斯賓塞任天為治之末流，其中所論，與吾古人有甚合者，且於自強保種之事，反復三致意焉。」可見嚴復翻譯此書，正是要引介外國新潮流來啟發國人。

一八九八年，張元濟與嚴復都獲得光緒皇帝的召見，談到變法維新的問題。可惜百日維新在九月二十一日隨著「戊戌政變」而失敗，張元濟被革職，永不錄用，當年底回到上海，次年獲聘為南洋公學譯書院院長。梁啟超從天津搭船逃往日本，「國聞報」因為詳細刊登政變經過而被查封停辦。

商務出版《原富》等世界名著

一八九九年六月，嚴復將他翻譯的《原富》（即《國富論》，Adam Smith, An Inquiry into the Nature and Cause of the Wealth of Nations）寄給張元濟，南洋公學決定以二千兩銀子購買版權，嚴復同意，一九〇一年由南洋公學分冊出版。後來因為版稅沒有正常給付，嚴復再將《原富》交給商務印書館出版。

一九〇〇年義和團之亂起，嚴復離開天津避居上海，參加正氣會發起成立的中國議會，容閎被選為會長，嚴復被推舉為副會長。

張元濟在一九〇二年為商務印書館創設編譯所後，出版了很多本嚴復翻譯的書，除了《天演論》、《國富論》外，還有《群己肄言》(Herbert Spencer, The Study of Sociology, 1872, 商務在一九〇三年出版）、《群己權界論》（John Mill, On Liberty, 1859, 商務在一九一七年購得版權）、《穆勒名學》（John Mill, A System of Logic, 1843, 商務在一九〇三年出版）、《社會通詮》（Edward Jenks, A History of Politics 商務在一九〇三年出版）、《孟德斯鳩法意》（Montesquieu, Spirit of Law, 1750 Thomas Nugent 英譯本，商務一九〇六年出版）、《名學淺說》（William Stanley Jevons, Primer of Logic, 1863, 商務一九〇九年出版）。

（《勇往向前—商務印書館百年經營史》，台灣商務出版）

《穆勒名學》上半部在一九〇五年由南京金粟齋木刻出版，一九一七年十一月二十七日由張元濟購得版權，並請嚴復繼續把書譯完。

商務印書館也曾在一九〇四年出版嚴復編寫的《英文漢詁》（英漢辭典），提供讀者另一本研讀英文的工具書。

《天演論》是影響最大的一本書，銷行很廣，從一九〇五年到一九二七年，這本書共印行了三十二版，對當時的知識份子產生很大的刺激與影響（劉學禮，〈達爾文學說在近代中國〉）。後來馬君武等人也將達爾文的《物種原始》翻譯出書。台灣商務印書館在台刊行北京商務印書館新譯的《物種原始》，列入OPEN系列。《天演論》在台灣仍然一再發行。

嚴復在一九一〇年曾獲宣統皇帝賜予文科進士出身，並擔任海軍部協都統、資政院議員。一九一二年京師大學堂更名為北京大學校，嚴復擔任首任校長，但到十一月間即辭去校長職務，次年擔任總統府外交法律顧問，發起組織「孔教會」。一九一四年曾擔任參政院議員，參與憲法起草工作。

一九一六年袁世凱死後，嚴復避禍於天津。一九二〇年氣喘病久治無效，回到福州養病，一九二一年十月二十八日病逝，享年六十九歲。

嚴復一生最大的成就是，致力翻譯介紹西方思想，商務印書館全力協助出版，對中國的現代化產生了重大的影響。他所翻譯的書，提倡「信雅達」，以半文言寫作，至今仍然流傳在世。

臺灣商務印書館自九十七年（二〇〇八年）起，推動臺灣商務的文化復興運動，要將商務歷年出版或已絕版的知識好書，重新增修編輯發行。「嚴復先生翻譯名著叢刊」的重新編輯出版，正是為了推介嚴復當年翻譯西方文化名著的成就，同時也希望新一代的讀者能夠重新閱讀世界文化名著，共同創造我們這一代的文化復興。

臺灣商務印書館董事長　王學哲　謹序

二〇〇八年十一月十二日

嚴復先生翻譯名著叢刊總目

嚴復先生翻譯名著叢刊例言

一　嚴幾道先生所譯各書，向由本館出版，久已風行海內，茲特重加排印，彙成一套，並將嚴先生之譯著，向由他處出版者，亦徵得原出版處同意，一律加入，以臻完備。並精校精印，版式一律，既易購置，尤便收藏。

二　本叢刊共分八種，乃輯合嚴先生所翻譯之著作而成，至嚴先生之著作，不屬於譯本之內者均未輯入。

三　嚴先生之譯名，為力求典雅，故多為讀者所不能明瞭，且與近日流行之譯名不盡同，本叢刊在每冊之末，均附有譯名對照表，一面將原文列出，一面將近日流行之名詞，附列於後，使讀者易於明瞭。

四　凡書中所引之人名地名，均分別註明，以便讀者易於查考。

五　書中各名詞之用音譯者，則將其原文引出，以便讀者知其音譯之本字為何。

臺灣商務印書館謹識

譯例言

譯事三難信達雅。求其信已大難矣。顧信矣不達。雖譯猶不譯也。則達尚焉。海通已來。象寄之才。隨地多有。而任取一書。責其能與於斯二者則已寡矣。其故在淺嘗。一也。偏至。二也。辨之者少。三也。今是書所言。本五十年來西人新得之學。又為作者晚出之書。譯文取明深義。故詞句之間。時有所傎到附益。不斤斤於字比句次。而意義則不倍本文。題曰達恉。不云筆譯。取便發揮。實非正法。什法師有云。學我者病。來者方多。幸勿以是書為口實也。

西文句中名物字。多隨舉隨釋。如中文之旁支。後乃遙接前文。足意成句。故西文句法。少者二三字。多者數十百言。假令仿此為譯。則恐必不可通。而刪削取徑。又恐意義有漏。此在譯者將全文神理。融會於心。則下筆抒詞。自善互備。至原文詞理本深。難於共喻。則當前後引襯。以顯其意。凡此經營。皆以為達。為達即所以為信也。

易曰脩辭立誠。子曰辭達而已。又曰言之無文。行之不遠。三者乃文章正軌。亦即為譯事楷模。故信達而外。求其爾雅。此不僅期以行遠已耳。實則精理微言。用漢以前字法句法。則為達易。用近世利俗文字。則求達難。往往抑義就詞。毫釐千里。審擇於斯二者之間。夫固有所不得已也。豈釣奇哉。不佞此譯。頗貽艱深文陋之譏。實則刻意求顯。不過如是。又原書論說。多本名數格致。及一切疇人之學。倘於之數者向未問津。雖作者同國之人。言語相通。仍多未喻。矧夫出以重譯也耶。

新理踵出。名目紛繁。索之中文。渺不可得。即有牽合。終嫌參差。譯者遇此。獨有自具衡量。即義定名。顧其事有甚難者。即如此書上卷導言十餘篇。乃因正論理深。先敷淺說。僕始繙卮言。而錢塘夏穗卿曾佑病其濫惡。謂內典原有此種。可名懸談。及桐城吳丈摯父汝綸見之。又謂卮言既成濫詞。懸談亦沿釋氏。均非能自樹立者所為。不如用諸子舊例。隨篇標目為佳。穗卿又謂如此則篇自為文。於原書建立一本之義稍晦。而懸談懸疏諸名。懸者玄也。乃會撮精旨之言。與此不合。必不可用。於是乃依其原目。質譯導言。而分注吳之篇目於下。取便閱者。此以見定名之難。雖欲避生吞活剝之誚。有不可得者矣。他如物競天擇。儲能效實諸名。皆由我始。一名之立。旬月踟躕。我罪我知。是存明哲。

原書多論希臘以來學派。凡所標舉。皆當時名碩。流風緒論。泰西二千年之人心民智係焉。講西學者所不可不知也。茲於篇末。略載諸公生世事業。粗備學者知人論世之資。

窮理與從政相同。皆貴集思廣益。今遇原文所論。與他書有異同者。輒就譾陋所知。列入後案。以資參考。間亦附以己見。取詩稱嚶求。易言麗澤之義。是非然否。以俟公論。不敢固也。如曰標高揭己。則失不佞懷鉛握槧。辛苦迻譯之本心矣。

夏序

侯官先生所譯社會通詮十四篇。為英人甄克思所著。其書臚殊俗之制。以證社會之原理。疑若非今日之急務者然。然曾佑讀之。以為今日神洲之急務。莫譯此書若。此其故嘗微論之。神洲自甲午以來。識者嘗言變法矣。然言變法者其所志在救危亡。而沮變法者其所責在無君父。夫救危亡與無君父不同物也。而言者輒混。煩嬈喧豗。不可以理。至於今益亟。向者以其爭為不可解。乃今而知其不然。蓋其支離者。皆群學精微之所發見。而立敵咸驅於公例。而不自知耳。自生人之朔。以迄於今。進化之階歷無量位。一一位中。當其際者。各以其所由為天理人情之極。而畔之則人道於是終。有終其身不聞異說見異俗者。或見焉聞焉。乃從而大笑之。如是者。自其恆幹之所服習者言之。則命曰政治。自其神智之所執著者言之。則命曰宗教。宗教政治必相附麗。不然。不可以久。其由甲政治以入乙政治也。必有新宗教以慰勉之。而其將出乙政治以入丙政治也。例先微撼其宗教。而後政治由之而蛻。未有舊教不裂。而新政可由中而蛻者。故其宗教與政治附麗疏者。其蛻易。其宗教與政治附麗密者。其蛻難。此人天之大例矣。人之於宗法社會也。進化所必歷也。而歐人之進宗法社會也最遲。其出之也獨早。則以宗教之與政治附麗疏也。吾人之進宗法社會也最早。而其出也。歷五六千年望之且未有匡。則以宗教之與政治附麗密也。考我國宗法社會。自黃帝至今可中分之為二期。秦以前為一期。秦以後為一期。前者為麤。後者為精。而為之鈐鍵者。厥惟孔子。孔子以前之宗法社會。沿自古昔至孔子時已與時勢不相適。故當時瓌瑋之士。各思以其道易之。顯學如林。而孔墨為上首。墨子尊賢貴義。節葬兼愛。皆革宗法社會之勁者。然與習俗太戾。格而不行。而孔子之說遂浸淫以成國教。孔子之術。其的在於君權。而徑則由於宗法。蓋藉宗法以定君權。而非借君權以維宗法。然終以君權之借徑於此也。故君權存而宗法亦隨之而存。斯託始之不可不慎矣。奚以明其然也。昔孔子稱雍也可使南面。仲弓即子弓。南面即帝王之術。子弓之傳為荀子。荀卿書二十篇與史記李斯傳。其旨密合。夫李斯學帝王之術於荀子。既知六藝之歸。相其君以王於天下。其為術皆昔所聞之荀子者也。觀其大一統。尊天子。抑臣下。制禮樂。齊律度。同文字。攘夷狄。重珍符。壹是衷於孔教。博士具官。參於議政。西京師說。濫觴於茲。尊寵用事。抑又不逮。至於焚書坑儒。以吏為師。尤闕宏恉。蓋自此以前。孔學為私家。儒分為八。未為害也。自此以後。孔學為國教。是非之準。主術之原。悉由於此。不能不定於一尊。焚書所以絕別本。坑儒所以除私師。以吏為師。吏即博士。所以頒定解。基督舊教衍於羅馬。實具此例。可謂誠證也。不寧惟是。中庸為子思形容聖祖之德。其中君子並指孔子。書稱君子之道。造端於夫婦。蓋君子以前。人倫之道有忠臣孝子。而無貞女。表章貞女事始於秦。史記貨殖列傳。巴寡婦清能用財自衛。不遭侵暴。始皇帝以為貞婦而客之。為築女懷清臺。又本紀二十八年。泰山刻石稱男女順禮。同年琅琊臺刻石稱合同父子。三十七年會稽刻石稱有子而嫁。倍死不貞。防隔內外。禁止淫泆。男女絜誠。夫為寄豭。殺之無罪。男秉義程。妻為逃嫁。子不得母。凡此之文。每與并一天下並書。故知秦人亦視此為自我作始也。自此以往。有貞婦以為忠臣孝子之後盾。而五倫之制始確立而不可疑。此皆實施君子之道之證。自漢以來。用秦人所行之主術。即奉秦人所定之是非。秦之時。一出宗法社會而入軍國社會之時也。然而不出者。則以教之故。故曰。鈐鍵厥惟孔子也。政治與宗教既不可分。於是言改政者。自不能不波及於改教。而救危亡與無君父二說。乃不謀而相應。始膠固繚繞而不可理矣。夫歐人之變法。爭利害耳。而其慘礫已如此。我國之變法。乃爭是非。宜其艱阻之百出也。雖然。人心執著之理。不可以口舌爭。惟臚陳事物之實跡。則執著者久而自悟。泰西往例。莫不如斯。今使示之以天下殊俗。無不有此一境。而此一境者。其原理何如。其前途又何如。則將恍然有悟於社會遷化之無窮。而天理人情之未可以一格泥。而宗教之老洫化矣。或者蛻化有期。而鐵血又可以不用乎。此吾人所以歌舞於社會通詮之譯也。

光緒癸卯十二月。錢塘夏曾佑序。

譯者序

異哉吾中國之社會也。夫天下之群眾矣。夷考進化之階級。莫不始於圖騰。繼以宗法。而成於國家。方其為圖騰也。其民漁獵。至於宗法。其民耕稼。而二者之間。其相嬗而轉變者以遊牧。最後由宗法以進於國家。而二者之間。其相受而蛻化者以封建。方其封建。民業大抵猶耕稼也。獨至國家。而後兵農工商四者之民備具。而其群相生相養之事乃極盛。而大和強立。蕃衍而不可以剋滅。此其為序之信。若天之四時。若人身之童少壯老。期有遲速。而不可或少紊者也。吾嘗考歐洲之世變。希臘羅馬之時尚矣。至其他民族。所於今號極盛者。其趾封建。略當中國唐宋間。及其去之也。若法若英。皆僅僅前今一二百年而已。何進之銳耶。乃還觀吾中國之歷史。本諸可信之載籍。由唐虞以訖於周。中間二千餘年。皆封建之時代。而所謂宗法亦於此時最備。其聖人。宗法社會之聖人也。其制度典籍。宗法社會之制度典籍也。物窮則必變。商君始皇帝李斯起。而郡縣封域。阡陌土田。燔詩書。坑儒士。其為法欲國主而外。無咫尺之勢。此雖霸朝之事。侵奪民權。而迹其所為。非將轉宗法之故。以為軍國社會者歟。乃由秦以至於今。又二千餘歲矣。君此土者不一家。其中之一治一亂常自若。獨至於今。籀其政法。審其風俗。與其秀桀之民所言議思惟者。則猶然一宗法之民而已矣。然則此一期之天演。其延緣不去。存於此土者。蓋四千數百載而有餘也。嗟乎。歐亞之地雖異名。其實一洲而已。殊類異化並生其中。苟溯之邃古之初。又同種也。乃世變之遷流。在彼則始遲而終驟。在此則始驟而終遲。固知天演之事。以萬期為須臾。然而二者相差之致。又不能為無因之果。而又不能不為吾群今日之利害。亦已明矣。此不佞迻譯是編。所為數番擲管太息。繞室疾走者也。

光緒癸卯十一月。侯官嚴復序。

原序

夫言治制之書多矣。而原始要終。取古今社會之所實行。著以為賅簡人盡能讀之書。則不佞所未嘗見也。故是篇之作。所與前人異者。其端在此。而所尤重者。凡有所述。皆社會已然之實跡。自其已然。為推其所以然。若夫當然未然。雖賢智者思議之所及。英主睿民。所經緯禱祈而不克至者。則未及焉。庶幾所謂實事求是者歟。或曰。思議者事業之母也。言治制而置所思議經緯禱祈者。是取其子而遺其母矣。則應之曰。是固然。然而意之所蘄。與事之所立者。未可以一也。著其所已立。以視其所蘄。使覩差數焉。則真得失之林。而言治道者之所鏡也。或又曰。社會非域中大物耶。而為之通詮。視其書盡百數十版耳。以芥子而收須彌。其勢不止於疏且漏也。則應之曰。是不然。文之為理也。其義彌恢。其言彌簡。正惟其為大物。故可以為小書。此正言若反者也。且夫學。有通有微。通者挈綱維。溯流變。自繁賾而觀其會歸者也。微者剖體分肌。致一曲之誠。自同物而指其殊趣者也。今吾書。通也。非微也。學者若以是為未饜。而欲進其微者乎。有不佞之中古政法論在。

時救主降生一千九百年。孟阪甄克思序於鄂斯福國學。

目錄

國家社會三（亦稱軍國社會）……085

開宗

社會形式分第一

治制社會界說　治制者。民生有群。群而有約束刑政。凡以善其群之相生相養者。則立之政府焉。故治制者。政府之事也。社會者。群居之民。有其所同守之約束。所同蘄之境界。是故偶合之眾雖多。不為社會。萍若而合。絮若而散。無公仞之達義。無同求之幸福。經制不立。無典籍載記之流傳。若此者。幾不足以言群。愈不足以云社會矣。

社會等差　社會之等差眾矣。宗教學術。懋遷行樂。無一不可為社會。靈山法會。基督宗徒。教之社會也。庠序黨塾。學之社會也。為懋遷。則若今之公司。為行樂。則城西之遊邸。推之建一宗旨。以締合同人。皆社會也。其物公私大小不同。然亦各有其法度章規。以部勒統治之。而後有以達其宗旨。然則治制固不必國家而後有。然吾黨必區治制之名。以專屬國家者。以其義便。而國家為最大最尊之社會。關於民生者最重最深故也。夫國家之為社會也。常成於天演。實異於人為。一也。民之入之。非其所自擇。不能以意為去留。其得自擇去留。特至近世而後爾耳。然而非常道。二也。為人道所不可離。必各有所專屬。三也。其關於吾生最切。養生送死之寧順。身心品地之高卑。皆從其物而影響。四也。為古今人類群力群策所扶持。莫不力求其強立而美善。五也。此五者。皆他社會之所無。而國家之所獨具者。是故國❶者。最完成尊大之社會也。若大不列顛。若法蘭西。若荷蘭。若俄羅斯。若高麗。若印度。宇內無慮數十。是數十之所守所行。謂之治制。此定義也。雖然。使吾黨取數十國之歷史而考稽之。將見是數十者。非古遂同於今所云也。實從其至異之形式。經數千年天演之遞變。乃漸即於今形。古與今其制度乃大異。

古今社會之異 古今社會。莫不有所以係屬其民者。今社會所以係屬其民者。曰軍政。此於徵兵之國最易見也。法德之民。最重過犯。莫若逃軍。若反戈從敵。攻其宗國。斯為大逆。至若英國。其兵以募不以徵矣。顧以軍政係民。則異名而同實。王若后仗臣佐眾扶之憲典。有急。得詔通國男子執兵。此不諍之柄也。假使英民有為敵國戰者。朝被執。夕以逆民死矣。凡此皆以軍政係民之實證也。惟古之社會則不然。其所以係民。非軍政。乃宗法也。宗法何。彼謂其民皆同種也。皆本於一宗之血胤也。顧此於寡小之民族或信耳。至於歷世滋大。則姑以為同種血胤而已。當此之時。民有顯然容納非種者。一國共誅之。雖有久居鄰壤。與之通商。乃至與之同仇而敵愾。不以此故。得入其國為編氓也。拿破崙法典曰。坐於法土。斯為法民。此軍國社會與宗法社會之所絕異而不可混者也。古以宗法係民者。莫著於猶太。乃今國亡久矣。雖散居各土。而宗法之制猶存。惟古昔羅馬。貴族齊民之爭。今日杜國。布阿士蔚藍德之訌。溯厥所由。皆緣種族。英國方諾曼未渡海之先。其時之愛爾蘭西衛兩種。而前三百年之蘇格蘭山部。其邦族群制。皆宗法社會也。

太古社會　前輩考社會之原者。大較至於宗法之制而止。意謂以宗繫民。其制最古。故其言社會也。由一國而為一種。由一種而為一家。至矣蔑以加矣。半期以來。科學日精。而寰區漸闢。稍稍以舊說為不然。知社會更有進於宗法之一境。而其演進實象。亦與舊說懸殊。此其所關甚鉅。於史界治制。皆為新闢之奧區也。顧專科喻俗之書。不少概見。即其景象。於習常之人意。亦難以逼真。是以今之為論。其詳不可得聞。僅能著其大略。所幸幽夐之阻。如是太古社會。尚有一二存者。而討者之勤。雖親歷險遠。冒死亡。猶能躬驗其實。傳寫圖書。故其情狀較然可述。學者向稱此等為圖騰社會。顧圖騰之名。稍不利俗。鄙意不若即稱蠻夷社會。謂之蠻夷者。絕無鄙夷賤惡之義。特以見其為太古人類。居狉榛之世云爾。

嚴復曰。圖騰者。蠻夷之徽幟。用以自別其眾於餘眾者也。北美之赤狄。澳洲之土人。常畫刻鳥獸蟲魚。或草木之形。揭之為桓表。而臺灣生番。亦有牡丹檳榔諸社名。皆圖騰也。由此推之。古書稱閩為蛇種。盤瓠犬種。諸此類說。皆以宗法之意。推言圖騰。而蠻夷之俗。實亦有篤信圖騰為其先者。十口相傳。不自知其怪誕也。

故稽諸生民歷史。社會之形式有三。曰蠻夷社會。❷曰宗法社會。曰國家社會。❸是編所論。本其最初。降成今制。所重者即社會天演之常。以跡其蛻嬗徐及之致。非於三者有專詳也。蓋社會之為物。既立則有必趨之勢。必循之軌。即或不然。亦必有特別原因之可論。其為至賾而不可亂如此。顧不佞欲以區區一卷之書。盡其大理。議者將謂其多廓落之談。而無與於其學之精要。雖然。吾往者不既云乎。學之為道。有通有微。通者。瞭遠之璇璣也。微者。顯微之測驗也。通之失在膚。微之失在狹。故爝火可煬室而不可以覘敵。明月利望遠而不可以細書。是亦在用之何如耳。彼徒執顯微之管以觀物者。又烏識璇璣之為用大乎。善夫吾師之言曰。後世科各為學。欲並舉眾科。科詣其極。人道所必不能者也。惟於所有諸科。各得其一二。而於一二之科。則罄其所有。此生今學者所必由之塗術也。意讀者欲於治制之科得其一二者乎。則不佞是篇。或有當也。

本書裁制 行於北部森林之中。無圖識。無指南。雖終古蹀躞其中而不得出可也。五洲社會之歷史。其繁浩不翅北部之森林也。使無裁制。以先定其論述之義法。將宇宙之大。民族之多。言無統紀。輕重失宜。而卒同於無述。則義法之裁制尚矣。雖然。其將何道之由。

法度經制　今夫一社會之立也。或有文字。或無文字。實皆有其歷史。歷史者何。所以載其演進發達之階級也。顧載矣。而其中有去而不留者焉。有立而久存者焉。即去而不留者。非於社會無效果也。然每渾而無跡。或微而難知。其立而久存者不然。孕育輪囷。歷千載而其效愈見。則法度經制是已。故法度經制者。社會之機杼也。得此而後有其組織之事。禮刑政教。官府兵賦。倫位爵祿。皆此物也。群學之家。以社會為有官之大品。法度經制者。又社會之股肱心膂矣。雖咸出於人為。而其理實同於天設。物體群體。二者皆有其官司。為之翕斂。為之導化。為之保持。又皆有生病老死之可言。知此。則吾書之義法定矣。

社會命脈　雖然。法度經制重矣。而其於社會也。猶官骸藏府之在一身而已。一身官骸藏府而外。不有其尤重者乎。則生命是已。生命即在動植。尚未有犁然為之界說者。矧其在社會之最繁。故欲考社會而得其命脈之所存。莫若先為其形下。以致其形上。然則法度經制。果不可緩也。竭吾心思耳目之力。於法度經制。得其所以萌孳進長。而漸即於今形者。庶幾有以盡其物之性歟。

專言治制 深演完備之社會。其為法度經制至眾。有政刑。有工商。有宗教。有教育。使一一而詳之。一科所未暇也。吾是書所欲講者。在治制。凡所以合群馭眾者。皆所論也。生養之制。行政之經。將溯其最初以馴至於今有。則以是為吾書之義法云爾。

附註

❶ 單稱則曰國，雙稱則曰國家。

❷ 亦稱圖騰社會。

❸ 亦稱軍國社會。

蠻夷社會一

圖騰群制分 第二

蠻夷種族　自舟車大通。殖民議起。坤輿之上。無幽不矚。匪險不探。而冒彨檔目。茹毛飲血。為太古最初之種族者。猶至眾也。若孟加拉之安丹曼尼。摩答拉之山族。鄂里沙之朱俺。錫蘭之武葉陀。❶若非洲之木客。阿戛。若北美之可羅拉都紅人。若中美之噶烈。若南美之巴芝。若婆羅洲之猗狎。若北極之額思氣摩。皆原種也。澳洲南島曰達斯馬尼亞。其中種人近已澌滅。亦純全不雜之種蠻。而澳洲大陸土人。為地中最眾之蠻族。遠處內地。風氣不通。其為吾黨所重者。以其為科學家所探討者。其為數甚多。其為種純淨。雖其眾之淪亡特早暮耳。顧在今日。則真未鑿之渾沌也。歐洲人士。嘗奮不顧身。采入其阻。其最著者。有若郝維德、若費孫、若斯彭沙、若吉稜諸學者。皆能用其慈惠。得蠻獠之驩心。故所述見聞。皆實事求是。迥非肊設。至若摩根所論。則以久居北美紅種之中。有以得社會甫出圖騰轉入宗法之變相。尤能言之有物。如所著太古社會一書。誠百年來言群不朽之盛業。學者得前數公所論。而參之以摩根之說。於蠻夷群法。庶無遁情已。

初民生事　自其可見者而言之。凡文明之所享。皆蠻夷之所乏。澳洲之土人。無樹藝也。無牧畜也。所豢擾者。舍狗而外。無餘禽獸。木處而巢伏。土處而穴居。宮室屋廬。無其觀念。求食則伏叢莽深箐之中。以伺敖者。若甝虪。❷若䶂鼪。❸無蔬穀。行采大地所旅生。不藝而自茁者。頗知用火。敲石鑽燧為之。其烹庖則至麤惡。無陶冶金鐵之事。有石斧。有晳礊。其刺獸也。以磻著長木之末。遙擲擊之。曰文摩蘭。無書契文字。故事口口相傳為歌詩。溯其先至不識用石之時代。其治病以箴刺。箴以火煆之以為勁也。器用寡少。綴木皮為栲栳。謂之辟蚩。刳木為臿。其婦人持此以服役。所得言者盡此矣。其被體也。無服而有飾。相聚祭鬼則用之。至於平時。無男女皆赤倮。以生事之至微。故常苦饑。人言太古熙熙。於事實適得其反。此洲不獨人民。即草木禽獸。皆淺演者。使在他洲。以物競之烈。不存久矣。蓋自天地奠位以來。未與外通。故能邃古至今。獨葆其初如此。近二百年。此為肇闢人境。吾輩生今幸得見之。更數百年。是淺演者之有存殆僅已。

蠻夷禮俗　捨形質而觀精神。將閉錮之效愈益見。其禮俗最粗極陋固也。而節文煩重。皆損益於隆古而漸成者。特未嘗有載籍耳。蠻夷篤古怖新。其交於鬼神尤謹。試讀斯彭沙、吉稜諸氏書。觀其言圖騰昏祭可見也。此無足訝。蓋群演之道。禮無驟設。俗不暫更。凡此委曲嵬瑣。皆數千年之曲成旁附。以歷今茲。而吾黨所得言者。祇其大較而已。不能細也。

種族部落　有種族。有部落。擊鮮漁獵之蠻。可以言部落。不可以稱種族。今人遇蠻夷之事。多稱種人。意若謂其聚族而居也者。此於名實。為不審矣。蓋種族云者。指一姓之所傳育。即不然。亦其血胤餘孽。此以云種族當也。乃澳洲之蠻。與圖騰之眾皆不然。學者宜知宗法繫民。乃治化演進之一大事。其影響於群制亦至深。此非最初民人若澳洲之蠻與他圖騰之眾之所及也。澳洲之蠻。其相聚而居也。取便於分部為獵而已。是其所以求食之道也。故可以謂之曰部落。此群之起點也。若群狼之薵處。一逐之獲。部之人皆與有焉。其聚居者。其勢便也。雖然。部與其鄰。無甚嚴之界域。其分合往來無定數。人人平等。偏一洲之大陸。此蠻夷之真相也。

嚴復曰。蠻獠相聚。如群羊耳。此以云部落。尚未叶也。蓋部落雖不必為種人。亦不必不為種人。而常有其部勒者。則又非初民地位也。然苦辭窮。無可改譯。則姑以部落當之。而著其未安於此。讀者審焉。中國內地之苗獞有峒。臺灣之生番有社。謂為峒社。未知於義何如。博雅君子。庶幾教之。

圖騰　蠻夷之所以自別也。不以族姓。不以國種。亦不以部落。而以圖騰。圖騰之稱。不始於澳洲。而始於北美之紅種。顧他洲蠻制。乃與不謀而合。此其所以足異也。聚數十數百之眾。謂之曰一圖騰。建蟲魚鳥獸百物之形。揭櫫之為徽幟。凡同圖騰。法不得為牝牡之合。所生子女。皆從母以奠厥居。以莫知誰父故也。澳洲蠻俗。圖騰有祭師長老。所生者。聽祭師為分屬。以定圖騰焉。其法相沿最古。至今莫敢廢。蓋蠻夷之性。有成俗古禮。則不敢不循。至於禮意。非所及矣。

圖騰不昏　此人類最古禁令也。凡蠻夷皆然。蛇不得與蛇合。鶻鵰不得與鶻鵰合。其制不知始於何時。而以禁親親之黷。則可決也。或曰蠻夷智慮。短淺如彼。顧男女同姓不蕃之公例。何以由太始而知之。意者殆天之所設歟。曰是不然。夫謂蠻夷智慮短淺。不足與於事理之思。其說固也。而事實之必然。雖蠻夷見之矣。彼親親之合。久乃滅亡。見其如此。乃立制防。且以為是神之所諱者。則凜然莫敢犯之矣。此蛇之所以不得與蛇通也。

異圖騰之嫁娶　圖騰不同。得嫁娶矣。然而其制大怪。所通者常定一圖騰。蛇之所娶者必鶻鵰。不得忽娶蓮華。一也。且其法。非以蛇之一男。娶鶻鵰之一女數女也。乃曰凡蛇之男。取凡鶻鵰之女。或凡蓮華之女。嫁凡蛇之男。所致謹者。男女輩行必相當而已。故蛇之一男。視鵲鵲同輩之女。皆其婦也。蛇之一女。視蓮華一輩之男。皆厥夫也。雖然。於法則如此耳。其施諸事實。則一蛇之男。得一二女於鵲鵲而已足。顧使所妻之鵲鵲。有他蛇者與之為合。彼則以此為固然。所察者誰併予美。必為己圖騰中之兄弟行耳。故澳洲有蠻。出游諸部。使其中有己所妻圖騰之女子。又同輩行焉。則皆可使當夕。往者有傳教人。嘗以是大窘。則避目塞耳。聽其橫陳於前而已。前所言者。初民群制中。一絕大事實也。

夫婦之倫　惟初民之群制如是。故無所謂夫婦之倫者。一群之中。無孤僨之男。無寡居之女。費孫云。蠻夷以牝牡之合為天賦。與生俱有者。信哉斯言。朝飛之樂。何羨雉乎。

輩行序次　由前觀之。世代輩行。為蠻夷所謹者矣。顧其事雖若天設。而強半乃出於人為。其眾以歲時舉神閟之會。此大事也。且典禮隆重。非外人所得率闚。吾歐人必居甚久。與甚習。而後能得其崖略。所考者。蓋一、所以建立祭司大巫之神權。大巫號畢訶羅格。二、所以頌歎先靈。收其眾。使親附。有舞蹈之節。為歌詩。狀述太古之事。曰阿爾赤靈阿。三、男女及年格者。於此受圖騰之祕。若東方之冠笄。施洗割之禮。其事甚痛楚。往往數日始克蕆事。或為其人文身黥刻。謂可不逢不若。便認識。終之乃命其所歸之圖騰。所居之輩行。凡此皆大巫之事。所定於是會者。終身不易也。

蠻夷眷屬 有圖騰。有輩行。蠻夷眷屬。由此定矣。男子於所昏圖騰之女子。同妻行者。皆其妻也。女子於所嫁圖騰之男子。同夫行者。皆其夫也。凡妻之子女。皆夫之子女也。其同圖騰。同輩行。則兄弟姊妹也。與其母同圖騰。同輩行者。則諸父諸母也。母重於父。視母而得相承之宗。故總蠻之眷屬。盡於父母子女兄弟姊妹四者。此諸洲蠻夷之所同也。費孫為余言。一教士居馬六甲群島中。意欲與所化蠻為親。則相約為兄弟。他日其妻來。教士曰。繼自今吾為若兄矣。❹蠻妻遽易之曰。否否。足下從此乃吾夫耳。摩根居紅人及夏威夷中最久。故稔其俗。謂太古之俗。固有兄弟姊妹昏者。至今猶一二存於蠻俗。此其言或可信。雖然。諸所蠻俗。大較同澳洲。乃至支那內地之民。有如此者。

圖騰物解 夫圖騰之用。將止於立別以禁親親之黷歟。抑別有起義而其事不止此。此考社會者所聚訟者也。或叩之於蠻。彼且自以為其圖騰之遺種。而祭祀崇拜之者有之。曰同圖騰之不可以昏。以同血胤故。以圖騰有神。犯者且降罰。故吾於是得社會二大事之起點焉。圖騰者。宗教刑法之所萌孽者也。蓋宗教天演。考之社會。其階級有三。其始崇拜身外之物。

木石禽獸。皆可以為有神。其次迎尸範偶。取其肖於己形者而用之。若祖先。若豪傑。是已。終之乃得造物之一神。是所謂神。必兼人道天道而兩有之。勢力能事氣質。皆與己異。而形貌情感。又與己同。此其大較也。蠻夷之圖騰。第一級之現象也。淺化之民。其為鬼神也。常多厲而少祥。以死亡疾病災害為職司。嗜殺人而喝血此蠻夷本其所身受者。以為思想者也。彼見儕伍之中。所號為桀黠者。皆暴戾恣睢。而為眾所怖服。所謂鬼神。正如是而加等耳。

禮刑之始　謂其為刑法之起點者。蠻夷法律觀念。皆負而無正。一切皆禁而不得為者。夫然為之答布。答布所由始。多可笑者。而其意皆本於捍患。設有人焉行蹊間。而為斷梗墮枝之所擊。彼於此不以物理解也。而云維樹有神。惡人之出其道者。則從此為答布之蹊。為禁路。雖有勇者。莫敢出也。橫木而梁津。以其便而眾由之。顧其功非堅善也。則有時斷。適過者溺焉。彼不以此為物理所必至也。而云水之神。怒梁設而奪其血食。以不涉而梁。人少溺故。雖然。梁固甚便。而不可以卒廢。於是有為之說者曰。使成梁之頃。而以人為犧。投諸河以落之。神其妥諸。則於是有反手縛足。逐洪波而去者矣。假使後成之梁。材良功堅。巫之為言。固有驗也。此古祭禮釁歃之所由興。而初民於其事雖至虐。常嚴而莫敢廢也。德儒孤林雅各言。落橋之祭。日耳曼東部。猶有行者。惟其投之也。以俑不以人。沿緣至於本期。其俗乃絕。至今非洲。及他所蠻。為宮居。猶先薶人於址。以謝土神。不然居者必禍云。

兵戰之始　蠻夷往來交際之事。隱約難明。亦無所謂共守之禮法。所可決知者。圖騰於外至之客。無應盡職分而已。以六七圖騰共處於一區。其相好惡也。視山野之廣狹。得食之難易。使獵場恢廓而禽獸多。取以贍其口數而有餘。雖數十年相安可也。禽獸減少。擊獵之場。以口蕃而日形其釁。斯物競起而兵戰之事興焉。夫蠻夷之食人。其始亦以飢耳。久乃沿以為俗。必循其先。莫之敢廢。故治化之進也。必地力養人之量日舒。此群學最確之例也。生口日滋。而地力養人之量如故。欲不出於相戕。未之有也。講治術者。可以知其本矣。

綜論　蠻夷社會。所知而可言者無多。右之所列。皆其事實。學士為詩歌文詞。寄意葛天無懷。好言太古之樂。意皆謂其時之人。敦龐渾樸。思慮寡少。天宇甚寬。而機械不作。民常老死不相往來。而養生送死之事。無不足者。以視今日社會之勞勞。相去遠矣。雖然。此特學士意中之境而已。求諸事實。大謬不然。是初民者。世間至苦之生類也。蓋其靈智既微。則所處方之禽獸有不及者。飲食不足於養。故其軀幹。咸矮弱微小。

無偉觀。無衣裳以待霜雪。無室廬以蔽風雨。形下形上。無所往而非憂疑恐怖之境。雖有親戚。其倫理相繫。與文明之民大殊。今日雖飽。不救明日之飢。幕天席地。居靡定所。死則鷙鳥野獸之糧而已。使如是而樂也。則世所謂苦者。又安屬耶。

然而蠻夷之生儳矣。而謂所歷無助於化。又不可也。射飛逐走。性命以之。故雖冒至險。歷甚勞。有不悔。以不若之時逢。而菑害眾也。竦聽擢明。能察至微之眹。文明之眾。往往謝之。每於叢林灌莽之中。跡禽獸寇讎之所往。雖英法至精督捕。莫能及也。烈風雷雨。至輒先知。科學之家。有不逮者。能聽於無聲。能視於未兆。其逐利也。但使所以償勞苦者。為其智慮之所及闃。則忍而弗舍。至必達其所祈而後已。凡此之事。其於演進民才。而所以為體合於人種者。豈其微哉。嗚呼。天演之神如此。

附註

❶ 以上五印度之蠻夷。

❷ 讀哇拉，似剛迦魯，而小土人以為食。

❸ 讀朴生，亦鼠屬，能以尾自絓，驚則負子而逸，群子之尾，皆縈其母之尾。

❹ 西俗婦人稱夫兄曰在律之兄。

宗法社會二

宗法通論分 第三

民群演進之第二境。是為宗法社會。其與蠻夷社會異者。民之相繫有統而不混。豫附而益親。生養之制。愈益繁密。其進於蠻夷社會遠矣。其特別形制。所與前後社會殊者。可言如左。

一曰男統 往者圖騰社會。人道幾無親親之可言。強為言之。亦矯揉而難定。何則。彼特以意為之。而非事實可指故也。所謂血胤傳世。皆以女而不以男。其圖騰輩行。則視大巫所分屬者。獨至宗法社會。斯族姓之義明矣。民之相與為親。以木本水源。分於一男子之故。雖宗法之事。亦有偽而不真。成於人為。非由天設。如義子螟蛉是已。然社會之有此。正以見宗法之綦嚴。今夫人群蛻變。由圖騰而入種族。其間進演之致。雖甚微極漸而難知。於事必皆有可指之實明矣。今姑舍是。而言其最顯而易見者。則必自夫婦有別始。

次曰昏制 蓋使夫婦無別。宗法無由立也。澳洲之蠻。有母不知誰父。宗何有焉。故必女子終於一天。而後父子之倫有可指者。故有夫婦而後有父子也。雖然。妃偶定矣。而云匹夫匹婦。如吾歐今日之社會者。則又不然也。其子女固終於一夫。而男子法可以數婦。此為古宗法社會之通制矣。逮演而益進。而後匹合之制成焉。蓋於時所重者。在男子丈夫之血統。而孤雄群雌。於宗法不為紊。且有時以社會生聚之亟。女子之數常多於男。其勢甚便。而宗法得此。系統愈分明也。然使昏制定矣。而嚴君之權不立。其宗法雖行。亦不可久。

三曰家法　是以其三有家法焉。方民為宗法之社會也。其承宗之丈夫。為始祖之代表。所以統御其家人者。其權恆最重。蓋王者專制之先驅也。所統治者。不獨一家之生事恆產而已。所信奉之宗教。所往來之酬酢。皆受治於其家之一尊。其始家也。浸假則衍為小宗。為大宗。大宗之視小宗。猶嚴君之於家人也。其小宗之長。則對於大宗而有責任。大宗家長。權制限域。世長世消。如當羅馬立國之初。宗子之權。周於通族。凡同姓之裔。無少長皆受制焉。操生殺之柄。教督禁制。所不論已。降及後世。所謂宗法者。稍變其初。蓋國主權尊。而家君柄屈矣。然吾英西衛民律。載凡民年十四。若不及。於其父案下食者。以父為君。約束刑罰惟其父。不得名一錢。凡所有。其父主之。此自國律視之。是少年者。於國猶未生也。蓋古家法之重如此。

徵諸事實　右所言三者。蓋宗法社會最先最顯之形制。若徵諸事實。不獨古之宗法。可見於載籍。今且不異於古所云也。如猶太之民族。如鄂謨所歌之希臘社會。如羅馬之拉體諾種人。如大食之遊牧行國。如五印度之民。如北印之回部。如阿富汗。皆此制也。求之吾歐。則如日耳曼條頓種人之舊制。其尤近者。如吾英西衛之刻羅狄種。若蘇格蘭山部。若愛爾蘭。皆沿緣至今。尚有一二存者。蓋宗法者。社會所必歷之階級也。

嚴復曰。作者舉似社會。常置支那。蓋未悉也。夫支那固宗法之社會。而漸入於軍國者。綜而覈之。宗法居其七。而軍國居其三。姑存此說於此。而俟後之君子揚搉焉。

宗法社會有兩時代　著論之士。每不知宗法社會有兩時代之分。而併為一說。遂使古昔社會情狀。隱約難明。而考者亦彌不易。蓋時代既混而不分。斯事實糾紛。矛盾相陷。而淺躁之士。至乃謂宗法社會為臆設。而無其實。非大謬歟。幸今者古昔社會之真。稍稍出矣。

有種人之時代　使學者而不憚煩。則事實顯然。將見宗法雖一。而演有二時。其大者先見。可謂種人宗法。其小者後見。謂之族人宗法。種人之眾。常至數百千人。而或過之。人人自謂同系。分於一體之遺。雖然。其事多不實。其所謂一本者。若存若亡。在幽夐難明之際。歲時報享。以宗祀其所自出之一人。用以系聯其宗。而種人之心。有所附屬。以云其實。

則其眾之果一本否。尚矣不可考已。即其所自出之一人。亦往往有臆設者。特以目前而論。則種人子孫。皆為一宗而已。

有族人之時代　至於族人時代。乃大不然。族人之眾。必少於種人。分族受姓以來。常有譜系之可溯。大抵至於高曾止矣。蓋四五傳之後。人口蕃多。則旁分為小宗。為新族。此其宗法。所以信而有徵也。

舊說之謬　宗法有種族之分。持舊說者。亦非不知之也。顧特昧其入群之先後。此所以多所牴牾也。彼之意以為宗法之理。必始於一家。自一父之遺。而肇分為數子。父死子復生子。如其父然。各自為家。惟不忘其為一父一祖之遺體也。乃相將而為一族。族乃滋大。親遠而情益疏。然而猶未忘其為一本也。由是相視而為種人。此其為說。乃據後起之跡以言古初。宗教言人之先。每如此者。而不悟其於群演事實。為倒置也。自事實而言之。則社會固先有種而後有族。亦先有族而後有家。其始自無種而為有種。種散而為族。族散而為家。家分而為個人。為小己。則今日文明社會之本位么匿也。此群演自然之至勢。而亦社會學新得之祕扃也。

新理確證　右之新理。發於史家斯堅尼。自其說出。而舊說廢。操舊說者。蓋習聞亞當夏娃之談。而未嘗討驗於事實。且不謂宗法社會之前。尚有圖騰社會在也。自初民群法。日益著明。而斯堅尼氏之說乃益確。今之學者。莫不知最古人群。決非造端於夫婦。如舊約所云云者。此說尚有他證。特今所言。言舊說之必謬。足矣。

判分之始　斯堅尼氏種先於族之說。既不刊矣。然圖騰之所以變為種人。種人之所以進為族人者。則未嘗及。今不佞將取後篇之所疏證者。為先標其大旨於此。曰。

蠻夷之社會。自能牧畜。而轉為宗法之社會。

種人之宗法。自能耕稼。而轉為族人之宗法。

宗法社會之特色　前之二例。非分專篇言之。不能悉也。乃今所與學者言者。在宗法社會。與吾人今日所居社會之分殊。使知欲得社會天演之真形。必無囿於所習。無拘於其墟。庶幾有以通其所以然。而不至於枘鑿。則著其大者。見宗法社會。所與今之軍國社會異者。有四端焉。

一重民而不地著　宗法社會之籍其民也。以人而不以地。何以言之。前謂近世社會。所以系屬其民。存於軍政。以軍政繫民者。以民之所居者。有定地也。是以地著尚焉。甲國之民。其可居於乙國固無疑。然乙國不以國民視之。於其國家之政。莫得與也。然使其人既受廛占籍而為民矣。則於其種族舊居。靡所問也。故拿破崙法典曰。生於法土者為法人。自其大較言之。則是法也。歐洲列邦之所同用也。乃宗法社會則不然。其別民也。

問其種族。而不問其所居。為其社會之民。必同種族者。不然。雖終其身。於其社會。乃至為之服勞。將為客而不為主。總一社會之民。有時可遷易其土居。其稱某國自若。於避敵逐利。時時為之。雖演進稍深之種人。亦有不盡然者。而上古之宗法社會。則莫不如此矣。

嚴復曰。可以為前說之證者。莫明於猶太。與古所稱之行國。吾頗疑史遷匈奴列傳。冒頓曰。地者國之本也。奈何予人。盡斬言予地東胡者云云。為釣奇而非事實。

二排外而鋤非種　宗法社會。欲其民庶。非十餘年數十年之生聚不能。而今之軍國社會不然。其於民也。歸斯受之而已矣。雖主客之爭。尚所時有。而自大較言之。則歐洲無排外之事也。蓋今之為政者。莫不知必民眾而後有富國強兵之效。古人以種雜為諱者。而今人則以攙合為進種最利之圖。其時異情遷如此。是故近今各國。皆有徠民之部。主受廛入籍之眾。使此而立於宗法社會時。其不駭怪而攻之者幾何。蓋宗法社會之視外人。理同寇盜。凡皆侵其芻牧。奪其田疇而已。於國教則為異端。於民族則為非種。其深惡痛絕之。宜也。故宗法社會無異民。有之則奴虜耳。

三統於所尊　天演極深。程度極高之社會。以一民之小己為么匿❶者也。宗法社會。以一族一家為么匿者也。以一民之小己為么匿者。民皆平等。

以與其國之治權直接。雖國主之下。亦有官司。然皆奉至尊之名。為之分任其事。官司之一己。於義本無權責也。至宗法之社會不然。一民之身。皆有所屬。其身統於其家。其家統於其族。其族統於其宗。循條附枝。皦然不紊。故一民之行事。皆對於所屬而有責任。若子姪。若妻妾。若奴婢。皆家長之所治也。家長受治於族正。族正受治於大宗。此其為制。關於群演者至深。不佞當於後篇徐詳之。

四不為物競　今夫收民群而遂生理者。宗法也。沮進化而致腐敗者。亦宗法也。何則。宗法立則物競不行故也。吾黨居文明之社會。享自由之幸福。夫自由幸福非他。各竭其心思耳目之力。各從其意之所善而為之是已。國有憲典。公立而明定之。使吾身不犯其所禁者。固可從吾之所欲。農之於田。以早播為利。雖違眾而破塊可也。工之於器。以用楔為堅。雖變法而置膠黏可也。賣漿者忽酒。種莽者忽菸。無涉於人。皆所自主。乃宗法之社會不然。偭高曾之規矩。背時俗之途轍。其眾視之。猶蛇蠍矣。夫然故人率其先。而無所用其智力。心思坐眢。而手足拘攣。一切皆守其祖法。違者若獲罪於天然。此其俗之所以成也。然而腐敗從其後矣。凡古社會。莫不如此。此不可逭之災也。雖然。如是之習。其始何以生。其終何以變。此治群學者所不可不討論也。乃今所言。使學者知其有是。足矣。

繼此一篇。乃言絕大之新理。有之乃見社會之所由入於宗法。且不入於宗法不能。

附註

❶ 譯言本位。

豢擾禽獸分 第四

家有馴畜。非泰始而然也。泰始人獸並居。有聖人起。豢而擾之。使利人事。此關於群之進化最鉅。是故乘馬服牛穀羊馴犬之事。歸之聖人。不可謂過。吾人社會。所得至於今日者。惟此其一大因也。且有以知其非泰始而然者。以至於今。員輿中蠻夷。尚有不知畜牧為何等事者。嗚呼。事作始於古初。而為人道所利賴者眾矣。顧其時地姓名。當渺冥而莫可考。即有傳說。每荒誕不經。此後之人所以日飲其德而莫知其源也。雖然。天演之事。時至則當有興者。不必定誰某也。時至奈何。曰天時地利人事。凡所謂外緣者。咸有以相偪而導啟之。

豢擾之初　豢擾禽獸之古人。其時地姓名。固不可考。而其所以豢擾之術。則可懸擬而略道也。今夫擾而畜之。而最利人事者。莫若犬馬牛羊。犬馬牛羊。其先皆野種也。其在野曰獸。在家曰畜。由野而家。可以言也。由家而野。不可以言也。就令有之。至不數覯。則始於初民為之豢擾何疑焉。雖然。彼始為豢擾者。亦視所居之旁。其在野之獸為何如耳。彼能馴之。必其可以馴者。若狻猊。若虎豹。若豺狼熊羆。皆猛毅而絕有力。未見其可擾之以為人用也。然則使其地無可馴之獸。是蠻夷者。將終古為蠻夷矣。若北極之額斯氣摩。有馴畜矣。而所馴者僅狗與駕鹿。其利用已宏。而猶有限也。大抵最關進化之馴畜。無過於牛羊者。而牛之所關尤鉅。

有餘禽獸　其所以豢擾之術。從何道耶。此於事實。往矣尚矣不可得察。無已則為之懸揣。而又無如其寡證何也。幸近人葛爾敦者。有南非遊記。其所經正達摩拉地。其書出於十九期中葉。有一二事實之足徵。可寶貴也。

葛之言曰。蠻夷情性。所最可見而大同者二。曰無遠慮而貪饕。此其德所以與禽獸鄰也。不僅不為後日計也。而後日之事。乃其所不知。故使畋而多獲。則盡其物以為當前之饗。其餘所不計矣。設以天之幸而掩大群。則舉眾相慶。以此為旬日之華酺。期於盡禽而止。雖然。飲食之度量。即蠻夷有限者也。故當豐有之時。亦往往有餘禽獸。夫使深化之民處此。未有不竭盡心力。為蓋藏以備後日之凶歉者。而蠻夷直狠戾委棄之而已。蓋彼徒知血肉之不宿。而畜禦困乏之事。又其意慮所不及者。故如此也。蠻夷中稍與此異者。則有北美之紅人。其曝乾之肉。謂之朋密磑。其蘊之土中者。曰加赤斯。以禦陰雨無可獵者。是皆絕無而僅有者矣。

畜為玩好　夫蠻夷無遠慮而貪饕。固也。而其愛物好弄之情。則或過於文明之民而無不及。故使所獲。既以供日食而有餘。則常留一二以為珍。而不必盡出於殺也。❶夫蠻夷之情。剽忽變易。則豈無始畜之而終殺之者。顧人情日久則愛戀生焉。亦嘗有寧忍飢而不食所愛之肉者矣。是故豢擾之事。始於擇禽。以為畜玩。其畜之也。不必意有所利也。祇以珍賞娛娭而已。其有所擇。必羽毛華好。音聲狀貌。居一群之尤。足饜耳目。而可以驕稱其儕偶者。故嗜之為言。有二義焉。其始以適口也。其次乃以悅心。則畜玩之事也。或曰以蠻夷之崇拜其圖騰。故於禽獲。有所嚴而不敢殺者。此又一說。與前說兩存可也。

儲為芻豢　飢不可以終忍。使歷時而無禽獸之可獲。則亦殺而饗之而已矣。由是而蠻之顓愚。知畜牲之大用。不徒玩好。且以救飢。豢擾之事愈周。畜牲之用日著。其湩所以止渴也。其皮所以禦寒也。其骨角所以為器用也。其為賜於蠻皆至厚。而為前此之所無也。況其物聚則孳乳而寖多。駒犢羔豵之玩。有可樂者。長於榛莽之中。禽獸之性。固其所習。故於轂牧之事。若無待於深學而皆能。夫使蠻夷其所以資生者。至於如是之一境。其程度固已脫於狉榛。由射獵而轉為遊牧之眾矣。

世變　由圖騰蠻夷。而入種人宗法者。即以其民由射獵而入遊牧之故。此為社會太古可言之進步。顧其影響之微。必一一分言之。而後能晰也。

男統產業之始　圖騰之言親也以母。宗法之言親也以父。此皆因果相從。易以見也。蓋男統肇於產業。何以言之。方其群之為射獵也。以男女生質之不齊。馳逐之事。必以男子為多。至於女子。雖亦拾矢執弓。張機省括。以言險艱。抑其次矣。且女子專職。在於尸饔守廬。而尤重者。在鞠育其群之稚幼。一日之逐。帶禽而歸。數獲會食。既飽而餘。則親勞苦逐利者之所得有也。由是而豢擾穀犰之事興焉。及其既久。而後為其人之私畜積。往者法學之家。常言太古產業之始。謂其事由於弋獲逐獸而得。斯為主人。不知此猶是後起之義也。❷太古蠻夷。與禽獸初不相遠。無彼此之分也。相聚而畋。特為食故。其有獲。則眾之所共享者也。惟其既厭腹腸而有餘禽。乃畀捕者。以為畜玩。玩既久而愛戀深。愛戀深而後彼我別。彼我別而後人有其私。此產業之義所由託始也。曷觀之穉子乎。夫穉子之用心。與蠻夷類也。穉子於物而分彼我也。不問其所由來。而重其所習用。竹馬蠟人。惟我之常以是戲也。故謂之我有。太古蠻夷。其視牛羊。亦如是而已矣。不問誰獲也。

牧事判分　豢擾畜乳之演進也。昔者射獵之群。乃今為遊牧矣。其中男子。以蕃育牛羊為本業。而女子則織毳挏湩。為𧖬𧖴酥酪以供。其為牧也。必就善水草之地。謹肥瘠。辨良狠。禁盜竊。防虎狼。定日月之所擇殺。而調其任重行遠之馬牛。

人功價值　有牧畜之事。然後民知人功之價值。而手足勤動之得報優也。使其部牛羊眾多。則必有多數之手指。而後足與其事副。雖廬幕生涯。有婦人以為之主。而山野林谷之間。必有人焉為之奔走。為之禦侮。而後其群不亂。盜賊不興。驅之牧場。旦出暮入。凡皆人功之事也。今以生事必仰於手足之勤也。而古人群最重之二制興焉。一曰夫婦之有終。一曰主奴之相制。夫二者之相始。猶拔茅茹然。雖然。使明於其故。則事理必至之符也。

嫁娶之禮　社會既入於宗法。男女牉合。乃立別而有終。一孔之禮家。輒曰。此民德之懿。知坤道清貞之為美矣。不幸考諸事實。乃大不然。夫社會女子之終於一夫。徒以人功價值之昂。男子欲保其身與其所生之力役而已。彼禮家之言。固為至美。然使古之事實如是。則嫁娶之制。將有二事之足徵。夫婦匹合。無群雌孤雄。亦無一陰眾陽之俗。一也。男室女家。事資相悅。無抑配強昏之事。二也。顧乃徵諸事實。古籍所紀。與今者淺演社會之所存。其俗皆與是二者正反焉。一夫而眾妻。乃宗法社會之通制。而寄豭易內。其時男子所不屑校也。所謹守者。此婦一身之服勞而已。乃至所生。誰真厥考。亦不問也。其所必收者。諸子之力作而已。降至中古。猶傳奪婦買妻之俗。然則昏嫁自由。任女子自擇所天。無其事矣。夫奪婦者。男子獨以強力。刦其鄰部之女子以歸也。至今都鄙。此風久亡。然其跡尚存於禮俗。或且謂女子怡然來歸。而無俟於強逼者。其事為足赧也。歐俗嫁娶。為夫壻儐相者。稱良士。此古助人奪婦者也。為新婦保介者。曰扶孃。此古助人捍賊者也。既合巹。壻與婦相將外遊。踰旬時始返。謂之蜜月。此所以避女氏之鋒。而相與逃匿者也。其事跡之可言如此。若夫買妻。所謂得婦以財。夷虜之道。女子之身。如貨物然。市有定價。則量羊豕鵝雁。計數相值。以酬失女者之家。此亦自其身之力役而起義者。故至今為俗。尚有加聘納采之事。特向之畀其家者。今以遺其人而已。舊約載雅各娶婦。身為賃傭。以酬其值。此實僅見。總之古社會女子之所以貴者。即以身力手指而然。當是之時。使一家之長。得十數壯佼美好女兒。則固儼然富翁也。

奴虜之制　夫奴虜非他。種人戰勝之餘。所不殺而係纍之俘獲也。方蠻夷之為射獵也。往往以食少而出於戰。戰而人相食者有之矣。已而進為遊牧。則種人之生事稍舒。固無取於相食。而斯時之力役為最亟。則係纍而奴隸之足矣。今夫人以人為奴隸。使不得自由。是以同類為牛馬。此文明之世。所深疾而嚴禁者也。顧吾以為善制可乎。雖然。制無所謂善惡也。視其時之所當。奴隸人雖虐。不猶愈於食若殺之乎。此治群學者。所以不容有執一之見也。且由是而知治化之日蒸也。非由其德心。而常起於利便。風醇俗美者。後於進化而為果。不先於進化而為因也。

成於種人　由前觀之。彼蠻夷之昏亂。而生事之貧薄極矣。所以能有其室家。奠夫婦父子之倫。乃至君臣之義。亦因之為起點者。皆自轉射獵為遊牧始。而遊牧之社會。又以豢擾禽獸為首基。然則豢擾禽獸。雖於後世無足重輕。而於太古之民。顧不重耶。由此而婦人去其所生之部。以嫁於其夫。即買妻奪婦之俗。亦所以使骨肉近親。不自相亂。而毀其初制。蓋同姓不昏之義。雖太古重之矣。至所由奪之部。所由買之家。或為異族。或為同種。亦皆以其親之遠近。以定其所取者。此禮之所以緣事為出入也。獨至一家之中。則丈夫之權。尊無二上。其妻子僕妾。至於牛羊犬馬。皆其人之產業。平等無差。生殺去留惟其命。

蛻嬗難明　自泛濫無統之蠻夷。徐轉而為遊牧種人。肇開宗法之社會。此其蛻嬗相承之致。時代窵遠。頗為隱約難真。往斯密羅勃生。嘗考大食種人舊俗。於其種二候銜接之際。頗能言之。其書云戰爭歷久。有以立夫婦之別。蓋兵事非男不任。故種合而男權尊。且其力各足以庇護其妻子云云。是其為說。有難通者。蓋兵氣剽疾。以妻子雌弱自累者。不利於戰。一也。況紛爭之際。淫掠為多。謂於此時。夫婦轉以立別。從常理論。殆不然矣。總之宗法肇於有家。而家人之義。興於所畜。然則宗法社會。必萌孽於民有資產之分。無疑義已。吾英謂家曰費密理。其字原於義大利之費默勒。費默勒者。謂奴婢也。

遊牧餘果　畜牧之事。於社會進化。尚有甚深關繫。可以言者。蓋自畜牧。民之衣食。乃有恆而可恃。故利於蕃生。而軀幹亦從以偉碩。不若向者待命於不可知之射獵。其形羸弱。而種亦不蕃。且天演之進。必由判分。畜牧盛。則種人有強弱貧富眾寡之不齊。不若前之蠻夷。其群如一邱之貉也。蓋自為畜牧。而天時地利之殊。與夫人事之巧拙。乃有以致異於其間。前雖有之。其效微難見矣。是故遊牧之群。豐嗇相絕。往往一種之中。其始均也。以勤惰巧拙之殊。貧富遂異。天擇之用既施。而演進之機。不可圉矣。愛爾蘭古社會民。凡分數等。富民編戶。謂之涅彌。有畜之家。號波埃爾。波埃爾常斥其餘畜。以貸涅彌。使穀𢽾之。乳則納其羔犢以為租。歲時常行部中。以察其群之息耗。且傳受涅彌之供養也。

新思想　蚩蚩蠻夷。未至其時。踐其境。世事皆陳陳。若無足異。故凡民於新思想最難。遊牧時代。民之新思想有二焉。於社會所關最鉅。使其無此。社會不得著今形也。是二者何。曰皆計學之事。一曰贏利。一曰母本。夫贏利自今言之。買賤鬻貴而餘者耳。而其始則牛羊之蕃息也。一家之圈。畜羊十二。至於明歲。無待更納新者。可安坐而致二十羊。此其事之所以利。而民勸也。假令無新生之羔犢矣。而湩酪氈毳。亦常有以供其衣食。而畜之數無減。此其為益。雖智慮至淺猶知之。知之故相競為畜積。積之云者。勿殺勿耗。以待贏利也。此之謂母本。計學家之界說曰。母本者。畜積以覬後利者也。此與最初之思想無以異也。顧方為射獵。則雖極慮不及此。必逮遊牧而後能見之。嗟乎。誰謂蠻夷玩弄禽獸時。所以經綸天下。成生養之局者。乃於此時立其本乎。所可異者。今日之民。其豢擾禽獸之能。乃泯然不復見。豈可馴禽獸既盡而無餘乎。抑世運日蒸。人與禽獸。二者之德。相暌彌遙。遂無以通其性情。而傅翼戴角之倫。遂去不為所畜也。

附註

❶ 畜從茲田，滋所畋者也。字義明白如此，且有止義，止於殺也。

❷ 玩，中國有字，從手肉會意，其說與此正同。

種人群制分第五

群立而後有制。制非以意為之也。蓋常有所不得已。不得已故常秉於自然。而有天演階級之可論。夫蠻夷之為制蓋微。自一進而入於宗法。則可久之制度。稍稍出矣。故欲證吾說。莫若取所見於吾英之刻羅狄種人。與印度之班札布者。蓋二者宗法社會。皆歷久不遷。而印度至今猶在。此皆可得之於耳目之近。不僅資傳聞載籍而已。至所取以為旁證者。則有若占之希臘羅馬。若紐芝蘭之冒栗斯。若大食之行國。凡以旁通交推。見其制之大同。天演之不謀而自合。雖然。欲其言之有徵。有條不紊者。莫若即其一而詳之矣。

種人之始　宗法社會。自種人始。種人者。以一群之眾。形色言語習俗相若。則自以為同出於一始祖也。云自以為者。事不必實。而意其如此也。蓋使吾之前說不誣。則男統現象。乃宗法既立而後有者。方其由圖騰而轉為種人也。動歷千歲。一本與否。誠無由知。乃世之種人。常深信篤喻。以為同出於一人。傅會穿鑿。傳為笑資。凡社會學者所著為種之額布寧❶者。大抵皆此類也。此如不列顛種人。則推其先出於不魯圖。❷條頓種人。則謂其本於古史之沃丁。比路芝種人。言為穆護默季父米爾漢查之後。巴社之種。稱其祖為以色列名王唆魯。誕誣惝恍。存而不論可也。

種人資格 凡宗法社會。莫不嚴非種之防。其中資格純備者。必真種人之子孫。其社會之產業。與一切種人應享之利益。應有之權責。乃至祭祀昏喪。與夫宗教之所有事。其中與執典禮者。皆非真種人不能。其為種界設莫大之防如此。雖然。自其事實而言之。則種人之中。莫不有寄居之種。謂之客籍。客籍之與種人。雖有鴻溝之限。而權力地位。足為其種輕重者。固恆有之。若愛爾蘭之弗底爾。若西衛之鄂羅獨。皆此類也。其次則種人之女。嫁客籍之男。其所生亦可以容納。他若寄居日久。或以客而有大功德於其種人。凡此皆所優異。而得以同仁而一視者矣。

奴籍 凡強盜之種人。客籍而外。又有奴籍。僮虜臧獲。皆奴籍也。或稱世僕。或曰下戶。遊牧之眾。常需力役。故奴重焉。其得之也。常以鄰部之戰爭。或種人有罪。而無力自贖。則沒為奴婢。❸奴婢與宗法社會。殆相起訖。於遊牧之世則司牧敊。於耕稼之世則執田功。或以供給屋廬之下執事。此其大經矣。

種人等級 學者嘗謂太古之民。為天成平等。此大誤也。方其為圖騰社會。固可以言平等。然其平等也。同於蠢蠢蚩蚩。猶草木蟲豸之相若。故赫胥黎謂如是平等。正如代數術之無度。無度未有不相等者。雖平不足貴也。乃至一入宗法。則天演著判分之象。而不平興焉。夫同為種人。則皆有所分之芻牧。所得以馳騁畋獵之場。妻子之畜。弓矢中兵之私。然而牛羊狗馬橐駝之多寡異。則貧富不齊。使無所受於其先。無所奪於鄰部。雖為種人。無救窮困。考愛爾蘭舊律。區此為下級種人。曰費爾密德婆。與有畜之主號波埃爾者。胥壤懸矣。密德婆雖自詡為自繇種人。然與今世傭民無異。自繇固自繇矣。特自繇於凍餒而已。曷足卲乎。

種之貴族　與其凍餒而自繇。固不如飽暖而奴隸。欲自救於寒飢。勢不得不仰澤於其群之富者。此其事始微。然而後世分土胙茅。封建拂特之制發端於此。故可覘也。雖然。其始非分地也。蓋地為人屬之思想。猶未萌焉。故所分者。特畜而已。❹當此之時。所謂波埃爾者。則分其畜以貸密德婆。與之為期限。納所孳乳者為嬴息。嬴息謂之別思狄基。歲時波埃爾出巡其群。若行部然。約凡幾度。貣畜之家。必有供帳。貣畜者號洗理。自擇善水草以牧。資供納之餘。以贍生事。使所牧者雜己畜為群。如是者曰沙爾洗理。為半主。自繇之牧也。使所牧之群。盡他人畜。如是者曰達爾洗理。為奴隸。不自繇之牧也。其品地於種人為最下級。蓋貴賤之勢。緣貧富為分如此。

貴族之等　種人之等級視貧富。富斯貴矣。而貴人之中。又為等差。大抵亦以貲耳。然此於種人無大關係。其為別特。見於議刑罰鍰之際。則後此所詳論者也。

種人官制　由前觀之。則種人有自繇不自繇之分。自繇主也。不自繇奴也。有貴賤之等。貴其多畜者也。賤其無畜者也。然而尚有官制也。是不可以不論。

一曰**種酋**　種酋者何。種人之長也。為其始祖額布甯之代表。常立大宗之長子為之。吉稜斯本沙二氏書。皆言圖騰社會。有巫無酋。顧其中有桀黠猛壯。為眾所推者。亦常有左右其群之權力。獨至宗法社會。而後群有一尊。尊有專屬。種酋於古愛爾蘭曰賴。於古西衛曰彭。蘇格蘭曰摩馬爾。條頓之種通謂之曰開甯。俾路芝曰圖曼馱。巴社之種曰可汗。❺此其大經也。其傳世之法。與吾國稍殊。然必立大宗之長子。不幸應立者而愚劣癃疾。則廢之而他擇。西衛之舊制曰。凡立酋。必取九世種人。其家之最長而能者。其著酋之職三章。如左。

一酋有言。為其種人言。以是為種人之所服。

二酋有戰。為其種人戰。以是為種人之所威。

三酋有任。為其種人任。以是為種人之所不疑。

是三章之意明。則凡為酋者。必能言威武而不欺。設有當立。而其人不及如是資格者。法可置之而別擇也。由是考古之家。則據此而云西衛之酋為選主。而其實不然。蓋當此之時。後世出占探丸之事。皆未起也。種人之擇君。不待見酋之既死也。此其為法。可以見當時之民智。則於是有儲酋之制。

二曰儲酋　此後世儲君之所由昉也。愛爾蘭舊種謂之佗匿思特。西衛謂之台思班都盧。凡此皆豫立之繼統也。自愛爾蘭種人之散為支族也。族有儲酋。當吾英額理查白之世。愛爾蘭初合於英。儲酋爭立。而當國諸公。坐此被謗議。蒙惡聲焉。第九世紀間。華蘭支種人入俄。酋呼盧奕為之王。代立冢子。歷時不廢。乃至羅馬神聖帝國。雖四分五裂矣。而共主之名。沿用不革。皇帝而外。代有儲君。稱羅馬民王。❻見酋未死。儲酋有監國撫軍之職。案其法意。則以學從政。為人君也。

三曰將衛　蘇格蘭愛爾蘭舊制謂之圖洼什。西藏種人謂之底阿律洼。❼條頓種人謂之奚理拓科。❽凡此。其制之原。所為社會學所重者。不徒掌故之所存。蓋漸見天演判分。由渾而畫之為用也。其始。種之將衛。即其酋耳。顧纘業守成之主。往往或長於治。而不長於兵。聰明仁愛有餘。而武略致果不足。雖有三章之約。其勢不可以竟廢也。則更選其群之材任將衛者。使即戎焉。厥後羅馬有令尹之官。比物此志也。其始為也。取以濟一時之急難耳。歷四五番。其事乃垂為定制。

右所言種人之大制三。曰種酋。曰儲君。曰將衛。乃肇立於遊牧行國之時。降至耕稼城郭。而其制愈定。是三者於其社會。皆有特別之利益。壤地之封一也。鹵獲之利二也。種人歲時之貢獻三也。而是三者之中。壤地之封。所關於群演者為最鉅。蓋至今猶存其影響矣。

四曰庶長　庶長者。後世國會之濫觴也。其始聚種人之豪桀長老而為之。此在愛爾蘭曰伯利翰。在西衛曰希納多。在條頓種人曰魯拉慶保。於回部曰吉爾戛。於印度曰攀察耶。其會集之法。當於耕稼民族之篇詳之。庶長之職。其極重者。在傳守典常。議禮布教。兼秩宗司徒之所為。蓋種人降蕃。而文字猶未興而簡約。其制之不可無。可想見已。其為吾黨所絕重者。以其寓立憲治體之始基。為後此刑法議制行政三大權之母。而又爵民兩議院之星宿海也。其人數有時可以至少。如見於西衛條頓諸種者。乃僅七人。有時可以甚眾。則盡其種人之家長而為之。其始勢力職事均也。稍降乃有異職。有典宗支。司譜牒者。有宗教之祭司。有巫有祝有醫。蓋循由簡入繁之例。樊然殊矣。是蓋宗法社會民權之所託。故吾於其制不可以不詳。然遂謂此與今日國會為同物。則大不可。蓋必幾經蛻變。而後遇之。今由此可得而言者。有古人之二大制。其一曰種之宗教。其一曰種之法律。此篇所論。即以是二者終焉。

種人宗教　前謂宗教之事。其實見天演階級有三。最初者。崇拜身外之物。若鼉黽龜蛇。次進乃範偶迎尸。象人形而用之。而勢之最便者。莫若奉其所自出之祖父。與其種所嚴重之豪酋。此非理想之空言也。於種人宗教得其證矣。且宗祀其先之禮。豈獨見於種人社會而已。蓋其事為宗法諸制之綱維。是故五洲之中。用此以收宗合群者蓋半。而於泰東諸古國尤多。考其禮之所起由。蓋有二說。以人死為有鬼。陟降左右。長存天壤。無異生人。此其義即有精粗。然而謂靈魂不死之理。已為種人所與知。蔑不可也。二以宗法之嚴重。人之生也。為一姓一家之君父。眾所愛戴而服從。於其死也。乃為之祠廟焉。為之報享焉。設食陳衣。準夫事生之制。蓋雖死如不死者矣。蠻夷之性獷悍。而顯於所習。故壇墠祭饗。往往有用人之事。其所用者。或取諸敵讎。或殉之以近習。取諸敵讎者。所以慰其靈之有所憾也。殉以近習者。所以妥其靈。使便安也。凡此皆初民思想。所以為至順而祥者矣。種人降為民族。民族降為私家。古禮既沿。家廟斯制。如印度婆羅門曼奴法典。⑨所載水饅頭法供。齋食諷唄。誦揚先芬。家自為制。設神位於室奧。以祀其先。聖火長明。歲時羅拜。至於族之祠廟。典禮尤隆。蓋本此以保血統。篤宗支。則宗法社會之精意也。雖然。以言事實。彼尊祖敬宗諸典禮。於人情民德。果如曼奴聖籍所言。其陶鑄感通。有如是之重且大歟。是未可以一言決也。顧東方社會。以宗法為之命脈。一切現象。必由此而後其義可以明。不獨印度安息諸部為然。而希臘羅馬之先。莫不如此。此人鬼宗教。所以為世界一大因緣。而學者欲考其源流。則有法儒顧蘭芝之古社會一書在。而不佞今與學人指似者。則其教之二三特色足矣。

一曰可私而不可公　宇內至大之宗教三。倡於耶穌基督者曰景教。本於穆護默德者曰回教。立於釋迦牟尼者曰佛教。是三者皆以盡化人倫為量者也。故常有傳道宣福之人。浮游四方。以勸轉人。使皈依宗門為事。人鬼之教。亦一教也。顧非其鬼而祭之為諂。使其為是。不徒可笑。且為悖逆。子有祖先而敬奉之。此與他族。固無與也。牲肥酒薌。不歆非類。捍災降福。亦為其種。乃克膺之。他族固莫之祈。祈亦莫之福也。則何由公之於人。使從己乎。以是之故。彼種人者。設去其鄉。則與共處者。不獨異人類也。實且異其鬼神。故其適異國也。不徒為人誅。實且為鬼責。何則。宗教系絕也。今者以英人而處法德奧義間。入其壇廟堂寺。其中所頂禮頌歎之明神。於儀法宗旨。雖略有分殊。而與平居所崇拜者。未嘗異也。言語雖殊。神道一耳。乃以是求諸人鬼之教。固有必不可得者矣。

二曰本人而不出於天　惟人鬼之教。不出於天。故其禮經不言創造宙合之事。今夫種人見晝夜寒暑之迭代。山川日月之昭回。固亦以意言剖判平成之事。然其說與宗教不相謀也。吾歐以天道言宗教者。蓋亦後起之事。始於希臘之民。蓋由之而擬議之思理。與崇拜之感情。合而為一。⑩此宗教之今形也。雖然。吾黨觀於新約之書。其中言持肉祭偶者不一。則知景教方行之初。有人欲人鬼與天神之教。得以並行不悖者矣。今夫人鬼者。純於行習之宗教也。故有禮經。皆詳於節文。謹於戒律。而於人心所崇信者。固不若言天神者。廣徵曲譬。而尚慮其不信也。

三曰宜幽而不宜顯　以其鬼為種人之所私。故其宗教儀典。常諱莫如深。而不願為外人所共見。東方古史。多載其事。往往以微伺隱微之故。為種人所大憾而殺之。祭器法服。常有典司。非其子孫。固莫得與。乃至種分為族。族散為家。而一家之祕。法物相傳。必歸諸主鬯之冢子。清廟之守。典司宗祏。則達禮通方。在其宗之賢者。蓋種人之意。以謂欲其宗之勿墜。必虔守此祕不洩。而後可蘄。脫有菑害。彼不於天時人事中求之也。而曰惟神之恫。神恫奈何。曰坐守典不虔。使異火見於廟社。而其鬼不享故也。

種人法律　種人之法律。與種人之宗教。殆合而不可分者歟。其法律固其宗教之一部分也。蓋彼既以厥祖考為神明矣。則凡厥所由。必無改於厥祖考之道而後可。厥祖考之道維何。一生言行之經是已。今夫律令者。典型也。典型不自其先而取之。烏由取之。此古種人所同具之思想也。若夫一人作則。言莫予違。詢謀僉同。勒為令典。為專為眾。此皆社會後起之事。非古種人之所及已。故法律者。見而著之者也。非作而守之者也。前謂蠻夷。於凡所禁而不得為者。謂之答布。答布亦法律也。特其思想皆負而無正耳。此亦其始則然。久之則所謂法律者。一切皆出於習慣。其所謂是。所習者也。其所謂非。不習者也。過斯以往。非其慮之所暨矣。其於人事。往往以習慣之故。雖為用既亡。於義無取。種人甯死。莫之敢渝。其循守之嫥竺。任舉一端。皆可以證前說。有如羅馬種人。有刑牲視腹腸。以占吉凶之俗。蓋方種人之未離遊牧也。隨畜薦居。至一異地。欲驗其地水草毒良。則縱一二牛羊。使先飲食。已乃刲視。用此於行。得以無逢不若。此其事有取者也。顧其種已離遊牧。而為耕稼城郭之民矣。乃猶不愆不忘。以其有舉。則莫敢廢。且變其本旨。以代蓍龜。則被服成俗。不能自拔之故也。大抵社會禮俗。皆有其初。顧以久遠。未易考見。亦有魁桀之子。造立新奇。掉棄古法。以其便事。而眾稍稍從之。久乃為法。

雖然。此其事常至險。彼違眾而始湩其牛者。雖以是而致殺身可也。蓋蔑古亂常。於宗法之民。斯為大戾。其新也。即其所以為罪也。或曰反古之道。災其身矣。然於古刑律無專條。何耶。不知其所以無專條者。即以人莫之為之故。大抵事傳古初。即為律令。脫有一二。敢奮私智。反易天明。其罪常至竄殺。如西衛古律所載族屏之刑。族屏者。為其眾所屏逐。如歐洲近世之出律。[11]使其種所居瀕海。往往置編筏之上。使隨流而任所如。若在山林。則竄之叢莽深箐之中。其事蓋相若也。

血鬬　血鬬者何。種人所以報復賊殺[12]之國俗也。最初刑律。於羅馬曰陀理安尼。陀理安尼。抵償之義也。以目償目。以指償指。以命償命。而種人所以行其陀理安尼者。則血鬬是已。夫其律鄙野如此。顧於群演不可謂非進化之見端也。種有人被殺。而賊不得。其始則以疑似相戕而已。乃今為之法焉。必得主名。而後可以洩憤。血鬬者。被殺之家。施之殺人之身若家也。設有疑似之難明。則亦為之讞鞫。顧其法至疏。為文明人之所不饜。所指之家。聚其族而廷誓之。以自白其無罪。有時資他術為讞。如尸死者於市。令其眾閱而撫之。撫之而尸血出者。則真賊也。其不可用如此。然有種人。至今用之。如蘇格蘭山部是已。賊定。則其家可攻。如是者曰血鬬。血鬬常歷時而不休。

血鍰　血鍰者何。罰殺人者之家。以酬血鬬之值。使解仇也。遊牧種人。其計所酬也以牛羊。種人謂一民之值。等於其所有者。以尋常之齊民為本位。由是遞進而積計之。以為所罰之差。故有罰格。取兩事為計。一計死者之貴賤矣。二計其害所加之廣狹。此其大經也。其鞫罪也。常法驗死者體中之夷傷。殺者所用之兵器。有竊盜。則微察牛羊行跡。抵於盜居。讞既定。血鬬興矣。其豪長老乃居間排難。期死者之家必受血鍰而止。死者之家勿聽可也。然居間者必出全力使解仇。仇解則執手為誓。不得復操兵相向也。考執手之禮。至今五洲用者最多。此太古之俗也。既執手。則不得復用兵。猶之同杯酒共几案者。義不得復相害。此皆著自古昔者也。

種無通法　由前而觀。種人法典所可言者。亦不過大凡而已。固無通用條目。得以一二言也。一種之民。各沿其俗。著為法典。行於其種之中。止於其種之外。必言其一致。則父子相傳。代有宗子。種界至嚴。不容非類。其民常有等衰。遊牧各有分地。犖犖大者。如是盡矣。若夫其他節目。則不徒種而異也。往往族而不同。印度班札布種人。其戶口劣於吾英。顧見行法典。殆數百宗而未已。此為英官所親覈而得之者也。是知法典之行也。宗法為先。而國法為後。種人之所受治。非其種之舊。則不服也。

附註

❶ 譯言受氏。

❷ 希臘古詩所歌戰將。

❸ 案：字書童妾之文從辛，皆此義也。

❹ 古匈奴，月氏種人，雖左右賢王屠耆，當戶之貴，皆無分地，所分特牛羊輜重而已。

❺ 今英人謂其王曰欽德，人謂其王曰區匿，皆為開寧可汗之轉。而中國稱君之古，殆與同原。印度謂王曰賴耶，法人謂王曰荷魯哇，及英語之荷賴耶呼，皆與愛爾蘭之賴為一本矣，開寧本義為好漢，為能者。

❻ 拿破侖謂其子為羅馬王，蓋以己為襲羅馬真統也。

❼ 譯言復讎報怨之人。

❽ 譯言率眾之長。

❾ 復案：梵語曼奴，秦言人類，或曰人道，為婆羅門創造世界十二神之一，各主一滿萬達拉，滿萬達拉猶言刦也。其第一神自然而生曰穌阿衍菩，與婆羅門為合體，由穌阿衍菩分一身為男女，生維羅支是為第一曼奴，由第一曼奴而生十波羅葉巴諦，是為世間十天王，分主萬物。從十天王而生七曼奴，其第七名吠哇薩陀曼奴，即本刦之主，造今世界其中一切眾生，其裔有日月諸種人，吠哇薩陀親製曼奴法典，見四韋馱分三大支，一山溪塔，一

婆羅滿惹，一悉答臘山溪塔經也，婆羅滿惹論也，悉塔臘律也。律之最重者，曰迦羅巴悉答臘，言祭祀禮儀，而此又折為二，曰希洛陀悉答臘，曰達摩悉答臘。前言燔祭柴望之儀，後則專言戒律，號為聖典。

❿ 案：如是特色，佛教最多。

⓫ 出律者，謂其人從此不為國法所保護，人人得以踐踏，其事猶宗教之出會，人人可得而誅，皆至酷之刑也。

⓬ 閩俗有之，謂之打人命也。

耕稼民族分　第六

耕稼之始　此其莫考。與牧畜之始正同。執耒把犁。爬土捽屮。誰創此法。以利賴人。大德無名。玄功不載。悠悠萬祀。不可稽已。雖有先農之祀。后稷之官。史氏所書。恆由耳食。欲以為典要難。且所言者。大抵流轉放效之事。非指其開物成務。創為稼穡者也。

雖然。耕稼之始不可知。而其所以始。則可思而得之也。澳洲之蠻。不知耕稼者也。然其部有天然之粒食。地生野稆。名曰訥都。常收其子置杵臼❶間。舂去其皮。摶為粢餌。有此。則其事之所由始可想見已。假如當日初民。居沃土。秋至採稆而食。而其所攟摭之多。過於一時所能盡者。則藏棄其餘。蘊之坑窖。此蠻所習為者也。冬寒相將南徙。就暵地。又設一冬多雨。而來歲春陽早回。由南部復還故都。其向所蘊穀。有不甲坼乙抽者耶。或猶不止此。其稻已出穗垂穎。如往秋之所斂者。亦至尋常事耳。夫初民固顓愚。然五穀事關飢飽。性命所繫。神智自深。脫令目擊前事。有不知所以待之者耶。行之一年。稼穡之事。由此始矣。他若蹲鴟薯蕷。可食之根。每為人類最初之糧。其樹藝之始。皆可以此通也。

耕稼所以後於遊牧　夫田事之初。固亦鹵莽。春播秋收。大抵若行其所無事。雖然。既已為之。則至於深耕易耨者。特需時耳。或曰。遊牧耕稼。同時並興之事也。特農事不精而已。此其說亦非盡誣。蓋即今遊牧種人。有如此者。然考社會之變耕稼。終為進於遊牧之事。立苗溉種。必後於牧馬乘牛之業者。何耶。曰此非難見也。以耕稼之勤勞過遊牧故。蠻夷之性。常恫好逸。今者取牧畜之業。以與服疇較。則前之為事。真輕而可樂者矣。畢豕野獸。而調良之。有馳騁角逐之娛。有消閒遣日之用。就令長驅其群。以就水草。以比田事。猶為輕也。若夫挏乳莬皮。紡毳織罽之事。則婦孺所優為者。古稱稼穡艱難。而宗教言其事為天神所呪。必泚顙汗顏。乃得盤飧之奉。此其所以後遊牧者歟。

耕稼之興　以其勞且病如此。故種植之事。雖久為蠻夷之所以知。然其始無悉棄遊牧。而即從耕稼者。特以稻粱珍異。備貴人所需而已。耕稼之盛也。其在民日蕃滋。而遊牧不足以養之時代乎。今夫戶口之蕃也。與治化之蒸相表裏。耕稼之業。其勤勞過遊牧固也。而養人之量。則倍蓰而有餘。德儒默嗔。謂同一方冪之地。資以牧畜。贍百人者。轉以為田。所贍四百五十人不止。見戶口進蕃。稼穡有不得不行之勢矣。太古化興。必在江河流域。是以耕稼始興。在埃及尼祿河入海淤壂所成之洲渚。與安息默咬撲德美亞諸部間。其地大陸廣斥。少水草。不利牧畜。而河流所被。土肥地溼。於種稻獨宜。用力微而收利夥。由此西北行。北及康居烏弋山離諸國。西漸歐洲。其興之早暮。視民庶之蕃彫而已。舊史載羅馬凱撒言。日耳曼種人。不治稼穡。此非謂穡事為北部之民所不識也。特時未至。則羶肉酪漿。固較餅餌稻粱愈耳。愛爾蘭舊籍。亦載葉德斯泠❷以前。地無溝塍阡陌。必俟人煙稠聚。其地始有畛域之分。於此可見戶口蕃生。芻牧變為田疇之次第。蓋愛爾蘭古為遊牧之部。固無疑義而有碻證者也。

太古農術　以民之日蕃。非稼穡則不足於養。而畜牧乃轉為耕稼。雖然。學者慎勿謂古之耕稼。猶夫今之耕稼也。蓋嘗經無窮之變革改良。而後成於今制。此其層累演進之致。有可得以粗言者。請繼今而論之。蓋必明於農術。而後進言其影響於社會者。乃有補也。

一伐林啟壤　凡新治田。未有不始於烈山澤。伐林木者。蓋其地之宜田。以膏腴故。膏腴則未田之始。林木生之。且甚蔚也。使其民為遊牧之眾。則其國固有既闢之坰。雖然。農事方始。謂蠻人棄其所習見之畜牧。而取所未可知之稼穡。所必不為者也。故欲耕者。必親闢草萊。而後有可田之野。❸其闢地之術。常法以火燔之。即取其灰燼。以為其田之糞。種播其中。時至乃與草根並茁。若有大木。則資斧斤。林伐壤闢矣。則掘地以鋤。或用剡木之耒。其耒之制。與向者所持之臿。無以異也。

暢耕　暢耕者何。田不生穀。更闢新地為菑畬也。❹蓋烈澤啟田之後。秋收春播。歲而為之。若將暨於無窮也者。顧同畝不糞。而所播之種又同。不數歲地力竭矣。此蠻夷始田者所不意也。始則見其收之益薄。浸假乃至於不償勞。終乃絕意舊疇。更墾新地。移徙彌遠。是謂暢耕。❺此其法於地力人功皆大費。則不待言矣。

二休田為牧　田雖廢。尚可牧。則以其地為町畽。所生雖微。猶可以飼畜也。使其地當赤帶。若印度。或近赤帶。若澳洲。是廢田者。往往逾時復為叢莽。是以近世探險之家。每於蠻荒密林灌卉之中。忽得經耕之壤。以是為劫前人類之所為者。

輮田　有休田。則有輮田。事相因而至者。田經休息。地力稍稍復。轉換而耕之。故曰輮田。❻蓋溫帶之地。雖經廢置。不必復生草萊。前者暢耕之地。復告力竭。以過遠之不便。則姑持耒耜還舊疇耕之。而又有穫。此亦蠻夷始田者所不意也。然於此之時。乃得田功之一秘。知不易田。不易種。雖竭地力於連歲之餘。然使休之經時。則地力自復。知此。而一切之新制出矣。

三兩田之法　兩田法者。以二所為輮田也。歲耕其一。置其一為休田。以甦地力。守舊社會。循用不變。至今五洲田法。尚以此為最多。

四三田之法　三田之法。以視兩田為益進矣。治田種人。知不易種而播。則所耕之田。地力蚤竭。歲易種者。常有以久持而不即竭。則於是為之三田。歲休其一。耕其二。而異所種者。此三歲一休轅田法也。其事略如左。

假如有甲乙丙三田。而所更番種者為豆及麥。則

第一年甲田種麥。乙田種豆。丙田休功。

第二年乙田種麥。丙田種豆。甲田休功。

第三年丙田種麥。甲田種豆。乙田休功。

其周流為耕。常如此也。

二法得失　夫轅田之術。所以使地力得蘇。轉播異種。其所取於地者歲殊。凡若此之田術。皆耕稼種人所習知者。獨三田之利。實過兩田。歐民至中古而始覺。故有略變舊法。於兩田之地。歲耕其一矣。又中分之而播異穀。蓋種人之意。以謂三田耕二。需力必多。故樂循古而憚改制。洎乎中葉。歐西諸部。異議朋興。欲衷一是。事由實證。三田之優。斯為論定。其時所傳辨證推校之術。具見巧思。故吾樂著之。以資學者考鏡焉。則有如所耕之野。為百八十畝。分兩田。各九十畝。為轅田而歲休其一。

甲田九十畝	甲北畦四十五畝	甲南畦四十五畝
乙田九十畝	乙北畦四十五畝	乙南畦四十五畝

未休者又中分之。為南北畦。各四十五畝。如上圖。南種戎菽。北種麥。然則通一歲農事而計之。

秋九月。耕甲北畦。種麥。所耕四十五畝。

春三月。耕甲南畦。種戎菽。所耕亦四十五畝。

夏六月。通翻乙田之南北畦。以去草根。再耕之。置為休田。所耕百八十畝。

總右田功。每歲所加犁者。二百七十畝也。

乃今用三田法。通一歲農事計之。

甲田六十畝	乙田六十畝	丙田六十畝

秋九月。耕甲田。種麥。所耕六十畝。

春三月。耕乙田。種戎菽。所耕亦六十畝。

夏六月。翻丙田。以去草根。再耕之。置為休田。所耕百二十畝。

總右田功。每歲加犁者。二百四十畝也。

由前觀之。用三田法者。較用兩田法者。歲省三十畝之田功。又以所收計之。用兩田法。歲得九十畝之實。而用三田法者。歲得百二十畝之實。用力少而得實多。然則三田之利。皦然著明。是以歐洲中古以還。先進之國。農業無慮皆三田法。

五易種增糞　三田之術。通行於歐西。獨至近古。田事日精。而三田之術亦廢。蓋化學明。知地質之所含。與夫種之所資於土者異。是以更播迭穫。降而益多。察其所瘠。而加糞溉。曉農事者。資生無窮。而地力亦無告竭之日。此今之樹藝。所為大異古昔。而養民愈優也。考吾英農業精進。乃在十八世紀間。時會所遭。有以致此。當是時吾英與荷蘭合。軍興騷然。穀價騰躍。且田野之制。亦異其初。故於變法勢便。是亦此篇所宜及者矣。❼

田野制度　吾歐謂十五六世紀為中古。中古者。變進起點之時代也。民始知學。而舊制之破壞者不一。然社會重農。治國言繫民者。以一鄉為本位。此不獨盡歐之諸國為然。乃至印度、波斯、埃及之間。廣土眾民。莫不如此。夫中古之鄉。自其外而觀之。固與近世之鄉。無攸異也。一方村落。農頭傭佃。聚居其中。以耕種其近居之土壤。其人雖比鄰而居。然家白有政。其相繫屬蓋微。此近世之鄉之形制也。至於古之為鄉。其實乃大異此。言社會者。嘗為專稱。為之鄉社。頗有近世計家。為社會主義者。謂古鄉社。已行其術。民通力合作。而均貧富。此臆造不根之言也。自歷史事實言之。五洲無實行社會主義之事。言中古鄉社。為說雖不同。然所可知者。則共治公田。口分地產。無其明證。農各治其私。收穫蓋藏。皆為私利。有其證也。雖然。鄉社之名。固有精義。而異於今之所謂鄉者。此必俟取其五六特色而歷數之。庶幾十六稘之鄉社。與十九稘之鄉法。其異同可得以微論耳。

一曰平疇　此古今田制之異。見於形質者也。平疇者。田無塍樊為之畛域也。凡可耕之地。數百千頃。皆為平疇。其與鄰田及不耕之草場荒地接者。則留不耕之垠堮。曰坺克者。以為疆界。或種樹為行點。標起訖焉。吾英田有樊圩。成整密之觀。若今日之野景者。其事後圍田之令而後有。此其制當續詳之。夫田之有樊與否。其事若無涉於農術者。顧其制則實隨農術而為變。故不可忽也。

二曰均晦　後世田疇各主。大小不均。顧若取中古所遺之地圖。農之所治。各有分區者觀之。有足異者。所異者何。田畯分地。大較相埒也。每夫受田。約冪三十亞克。其中一二。所分獨大。則必四於所常受者。約百二十亞克也。此外則萊汙散地。隨意墾闢為畸田。則其鄉賤者之所服也。終之鄉社之中。有一方之地。宮室林囿存焉。而平野之中。又有甚大之田冪。則其鄉貴人有爵之所主者。蓋可決也。

三曰賦力　由前觀之。知古鄉社。民有貴賤之等矣。使更詳考。將見其中有二等賤民。常為貴人執田役者。且其執役。非若後世佃者之受庸也。乃踐土食毛。而以力役為之報。前所謂一鄉之貴人者。其於吾歐。謂之羅德。於波斯曰阿格哈。印度曰扎命闍。皆此物也。受廛之氓。例執田役。其名曰噶他查。❽其有加斯一等。為鄉社之齊民。在吾英曰夜德林。其為羅德田作。與噶他查同。獨有分地。以其自耕之餘力以為之耳。此古賦力之制也。久之則賦力之事。變為賦財。於是為租稅之濫觴。寖成近世佃農之制。雖然。所不可不知者。是之佃農。於古皆有土者之徒隸也。其在歐洲。通曰塞爾甫。塞爾甫者。不得自繇。而為人力作者也。

四曰錯耕　近世農人所耕莊田。常成片段。無華離相錯之形。假有斷壟散畦。不相接屬。勢必為農人所苦。以為費力而奪時。顧中古之農。不獨己之耕田。常以轅田易種之故。分寄於兩田三田中也。且分之中又有分焉。每為小町殘畦。其冪積僅半亞克者。散見平野中。三十亞克而外。尚有其鄉之牧場。為其牛羊所可縱者。而萊汙之地。則供其人之樵蘇。與其鵝鴨驢豕之食。統此。及其在里所居之廛。平民之地產盡此矣。

　所與錯耕之制相待而存者。則歲時更始分地之田政也。考此俗歐洲先進諸國。固已久廢。然瑞典丹麥諸國。則越中古而猶用之。其在印度。謂之腓墟。學士所飫聞者。波斯之田。此俗亦猶在。鄉老之職也。

五曰率典　中古田法。既異於今若此。此其勢非長循舊制不行也。鄉之禮俗。一一皆受於先民。歷久遠而成至深之服習。時日儀典。授受分合。皆有定程。斁亂彝倫。其罪至於流殺。今世之農夫。其賃田於田主也。與為要約。定租稅之率而已。其播穫之早晚。穀種之周流。大抵皆自審其宜。各適己事。雖與他農背馳。莫或禁也。此固後世自繇義伸。亦以耕地不相涉耳。中古之農。所治之壟。錯處其鄰之中。其勢固不可以自便。而非率由舊俗不行。此所以田業變古最難。而農術經數百千年。必至於今。乃有進步之可指。今夫一農改術。非盡一鄉之農與主。意悉與之合。則不行。又何怪其發達之不易易乎。

六曰官治　今日郊鄙之鄉。其中官吏。一督郵。[9]一鄉老而已。督郵常為都邑所遣。食在官之祿。而鄉老號麥爾者。無重權也。惟中古之鄉社不然。其中小吏甚多。皆治一鄉之事者。其最重者。曰里甫。則鄉所公舉。以為其團體之代表者。主督傜役。謹要約。對於羅德而有責任。鄉有交涉。則司其眾之喉舌。此制印度波斯猶有之。雖其位尊常民。然繁劇。常為人所不願。必強而後受之。其次則有社胥。曰公須達不爾。職布里甫之教令於其鄉人。有大議。則集其眾於社木之下。其次為里圍。鄉之牛羊。

有離群者。則執之以行其罰。餘有牧長。掌一鄉之牧地而平其爭。有家牧。有鵝牧。每時至。則置巡夜。所以衛其群之畜。戒不虞焉。此其政見於吾英愛德華第一令甲也。乃若身毒、巴社、亞西諸國。其中梓匠陶冶。下至綴履鞔革之工。皆為鄉社有祿之家。廁於官吏之列。蓋古所謂官吏者。其人不必皆民上也。特其人不耕而有分地。其社之農民為之耕。而彼則以其職為一鄉之公僕。應其眾之所需以為報。此在歐亞諸邦。大抵皆往制矣。❿由前六事而觀之。可知古之鄉法。雖不必如言社會主義者之所云云。然其為中古之民。法度釐然。風氣結聚而非泛然相值。如今世之村莊鎮集者。又可知已。今世之鄉。其民非不聚處也。然其所以聚處者。不過以其田之相次。而其所相系屬者。不過以同為一地主之佃農而已。蓋古俗之亡久矣。

鄉社二義　近世學者之言古鄉法也。有二義焉。是二義者。最為學界之所憤爭。不止於聚訟而已。約其說而舉之。其一曰。是鄉社者。皆族人也。聯為團體。自致其力。以得養於地者也。其一曰。是鄉社者。非族人也。為一家之世僕。遵一姓之法度。而皆為其主耕者也。社會學者。各持一義。亦皆有至堅之證。故其勢不相下。不佞則以為是二義者。誠各有所明。而亦皆有所闇。欲得其真。必合二家之說而後可。

前之著種人群制也。首明其中雖無慮皆種人。然有客籍。其地位利益。常遜於種人。次言種人之中。貧富不均。富者常斥其牛羊。以貸貧者。使穀牧之。而收其孳乳之嬴利。責行部時之供帳。終言種必有酋。而酋有特別之權利。且常受歲時貢獻於其種人。合三者而觀之。則知貴賤等差。已成於遊牧之時代。而他日進為耕稼。其階級大抵如初。不過前之見於行國者。乃今著於鄉社之間。如本篇所言而已。非有所變制而更始也。向之所謂酋。乃今以為羅德阿格哈也。向之所謂布埃爾。乃今為鄉之貴族。而受四倍百二十亞克之地也。向之所謂涅彌。受畜而牧者。乃今為鄉之齊民。受三十亞克。而噶他查塞爾甫者。則所得於異種之奴隸也。凡此皆可比事而得者矣。

種人鄉社二制異同　雖然。是二者之相似。未必非偶合。吾黨雖見其然。顧不可以此為二制相受之據。蓋同之中有異者焉。社會學者。翹其同而堙其異。往往坐此見笑於科學之家。譬如曩所稱貣畜之洗理。其納租奉嬴息也。非納諸其酋也。乃納諸貣畜之主人。而至鄉社。則夜德林之力役皆為羅德所賦。此其甚異者也。事經深考。乃知種人鄉社二制之間。尚有所謂族法者。為之銜接。此不可不求其形制本末之實也。

伏來色　所幸欲考族法之形制本末。於古籍尚有足徵。則試觀愛爾蘭之舊制。有伏來色者。位尊權重。所主之地。有其封域。無異東方古食采之邦君。而其封內。常有三等之民。

一曰沁奴特。同姓之眾。聚族而居。其族稱費耐。

二曰洗理。佃傭。佃傭雖亦種人。然皆貣畜而牧者。

三曰弗底爾。是為客籍。客籍之歸其轄也。常與所受之地偕來。或異族而自來歸者。

伏來色。此言有地之君。其所治者。有前三等民。種人為伏來色。必先為波埃爾三世。波埃爾者。如前所言。其有畜而富者也。為波埃爾之孫。使猶不失富。而能守先業者。斯為伏來色。顧其所以由牧畜而轉為地著者。又不可略也。

地著之始　遊牧種人。斷無分地。何以言之。蓋彼方純為遊牧。逐善水草。其勢固未由地著。就令暫分所至之地為牧場。亦無建邦食采之事。課恆產之多寡。固將數畜以對。不計占地之廣狹也。蓋淺化之民。於數畜易見。而使具弓竿測地廣袤難知。方其隨畜薦居。以時轉徙。持韋韝毳幕。挾有限之械器。凡所以資生禦寇讐者與偕。是則行國之民也已。雖然。民之由牧畜而入耕稼也。非忽棄其舊而為其新也。天演之變。無如是截然為起訖者。是故耕稼之始。乃始於尚為遊牧之時。以食指之日繁。得此然後足於食。其始也什一二焉。稍進乃相半。終之雖欲為逐牧行國。勢且不足以自存。夫乃降其野心。不得已而執田功之勞苦。其地本無主人也。誰斬刈之。則奄而有焉。久之以圣治之深也。地美而與人亦相習。則雖欲去而不能矣。雖然。是勞勞者孰先胼繭其手足乎。則必其群之貧且賤者無疑也。蓋食少則貧者先飢。而勞力又賤者之分也。是故一地之闢也。必其種之大人以為之地主。而執田功者。則其所屬之弗底爾與洗理也。如是而止於其鄉者。至三四世。雖或驅之。不肯去矣。則由是而有國。亦由是而有鄉。此地著作始之大經也。愛爾蘭之古俗。可考見於芬丹之詩。其所稱頗詳具。彼言愛之舊壤。始分百八十四部。皆種人地。號吐力札什德。部分三十鄉。則族之所居。曰巴里思。鄉牧牛三百頭。分其地為十二井。曰悉蘇力思。井得亞克百二十也。夫詩人之詞。固不必盡核。然而國有分地。乃耳目間事。口口所傳。未見其為不知而作也。故詩所言。什九可信。而為吾說之徵。矧乎吾說之徵。且不止此。則曷觀西衛種人之舊制。

西衛舊制　考西衛舊制。其種人大宗曰欽。大宗所居之地曰庚脫烈。其小宗曰桂里。桂里之長曰布利耶。布利耶。支長也。其家聚三世之眾而同居。案桂里譯言第。或曰寢。所取此以稱其族者。見相與為骨肉之義也。西衛舊典。載其宗子宮制甚詳。其形式與今世峨特教寺。殆相髣髴。正殿有石柱羅列。以承上宇。其左右廂。居石柱後者。則所謂桂里之寢也。其族所受於先之地。曰桂里奧。猶愛爾蘭種人之訶爾巴。皆傳守過三代。有所屬之農佃田奴。又所可考者。方西衛之始稼穡也。其地皆客籍奴虜為之耕。而自緜種人。大抵仍牧業。

蘇格蘭舊制　其尚有可為吾說之證者。則有如蘇格蘭之舊制。其中山部民族號克郎者。即由種人大宗所分之族姓也。克郎各有分土。地著而耕稼。考不列顛拂特之制。行於十四世紀間。顧當其時。一封之地。大較尚分四等。一曰田斯頓。小侯之采地也。次曰忒能都里。貴人之分地也。三曰斯底勒保。譯言鐵弓之地。廣約兩犂。計二十六亞克。則小農受牛種於拂特小侯而耕者。最下則塞爾懷勒。譯言奴隸之地。則畸田零畝。以畀前所謂噶他查。塞爾甫之流。為田奴所私者耳。是故總而觀之。蘇之克郎。衛之桂里。愛之訶爾巴。皆耕稼民族。制之大同小異者也。

以鄉社為族耕之說　使前之說為信而有徵。彼謂中古鄉社。為同姓聚族而耕者。非無據矣。即今日社會之遺俗而求之。其所存者。雖未可為直接之事證。顧往往因之舊制有可推者。則有如種人寄養之事。鄉社富家。出其子女。以寄養於貧家。此其俗之盛。見鄉社之民。同姓相親。謂寄養無殊於自乳也。又有所謂孃子錢者。鄉有女兒出嫁。則致孃子錢於其羅德。蓋沿買婦之俗。致幣女子之親而有者。終之則印度鄉社間。民至今以兄弟相稱。而舊俗猶盛之鄉。莫不忌外來人之占籍。主排外而惡雜居。凡此皆足證持說者之不誣。

以鄉社為奴耕之說　若夫謂鄉社為奴耕之說。則宜知鄉社之眾。固不皆奴。而其眾又未嘗無所主。此以鄉社之制為後世君臣之始者。其說誠不可以盡非。夫一鄉之中。必有客籍奴隸。固無論矣。而所謂自繇平等之民。亦莫不有其按納應完之租稅。此誠周於耕稼社會。而無地不然者。即謂吾英之丹尼則勒。⓫回部之凱拉支。皆後起之律令。然而行部之供給。歲時之貢獻。所由農佃奉其羅德。羅德奉其種酋。凡屬種人。莫不有之。是皆與平等無主臣之說。有不兩立者矣。總之一種之酋。一族之長。皆有所私之封地。封地而不自耕。則以賦人。而約分其歲入。此猶牧畜之世。種酋富者。貸其牛羊。以與洗理。而責其贏息與供帳也。且事有絕無可疑者。當夫地廣民稀之世。彼種人中健者。不憚艱險。親闢荒榛。將皆有歸往之群。以此為殖民之新地。而彼則為其地之主人。而附從者為之臣隸。此亦後世君民之局所由開也。

二說之不可偏廢也如此。而不佞則於地著族居之始。得社會天演之二大例焉。蓋民之聚也。必有其民族。民族所以為親親。親親故相愛。相愛故有所不忍。而其群以和。民之聚也。必有其主臣。主臣所以為尊尊。尊尊故服從。服從故有所不畔。而其群以序。序以為禮。和以為樂。古者鄉社之存以此。他日演進為強大國。乃至為五洲大同之民。將其道亦不出夫此。嗚呼。是所以陶鈞民質。久道化成者。於濫觴萌孽之時。孰知其已具乎。

附註

❶ 其制至陋。

❷ 當耶穌七百年。

❸ 按野之古文，為壄埜，又此義也。

❹ 按中文，菑與災通其義以此。

❺ 按說文暢不生也，其義本此解者，以謂相反為義失之迂矣。

❻ 字亦作爰，皆以換為義。

❼ 自注云右所列之階級五，蓋農事天演數千年，為事如此。然此五者之異，至今並行，瑞典中可得而察也。

❽ 譯言匯者。

❾ 巡警官也。

❿ 按此與周官之制正同，故周官者宗法社會之法典也，而中國官吏至今稱臣工。

⓫ 譯曰丹費，蓋英國斂於宋元間以禦丹麥者。

工賈行社分　第七

攻金之工　英語。凡商工之業。為之總名。曰茵達思脫理。茵達思脫理者。力作勤動之謂也。實業之謂也。顧言力作。言實業矣。獨不得以其名加諸田獵牧畜耕稼三者。此其偏屬之義。誠有不可知者。雖然。民即當太始蠻夷之時代。不可謂無實業力作也。部之婦人。刳皮炙肉。於其巢居土窟之中。是實業也。洎為遊牧。種人妻女。織毳為韉。挏湩作酪。又實業也。若夫耕稼之始。民之實業。斯益閎已。耒耜錢鎛。杷柫鋤耰。非此數者。田事不舉。故有關於進化最大之實業。興於此時。則冶鑄之業。攻金之工是已。夫農功方始。其所執田器。常非金也。或石或木。雖然。操木石之田器。欲農功之精進。難已。

鐵之為用　夫謂遊牧之民。識攻金之業。此至今日。誠無可疑。吾歐最古載籍。莫若鄂謨爾之歌詩。其言甲冑刀矛。皆銅製也。猶太民族。用銀為幣。然無圜法。乃至非洲蠻夷。亦有金銀之飾。人間掘地。往往得古銅器。年代久遠。不可億計。以此知員輿之上。民知攻金久矣。特所攻皆其柔者。操石錘可使成形。而其冶之也。不必為爐韛。此所以為益於化淺也。故民群景運之開。肇於冶鐵之世。鐵非冶不從革。而堅韌過他諸金遠。鐵器所成之實業。非前此所夢見也。

學者多言。冶鐵非歐民自致之能事。而得諸東方若埃及諸古國。蓋埃及。相傳其民知冶鐵最早。此其為說。有或然者。近世有聲名甚盛之德儒。❶以言語文字。證阿利安民種之源流。嘗云阿利安種民。其舊語無通行鐵字。以此知冶業之不始於歐。乃學而得諸他種者。此其說固亦或信。獨不佞所得於歷史而信有徵者。無論其始之何來。白種之民。於冶鐵煉鋼之業。實久為世界先進。而吾歐亦以此為五洲文物淵藪而已。

鐵工冶人 然則言民群實業者。固當為冶人鐵工。首屈此指。且必得此。而後無窮之實業有以興也。鑄耒造鐮。而農業利。辟劍灌戟。而兵器精。又得彼而後有縫裳綻履之資。不然。所操者魚鯁竹箴而已。又得彼而後有斬刈錘鑿之業。不然。所執者石斧木椎而已。烏逮事乎。世儻有高才足學之夫。殫年月之精。為考社會鐵作演進之實。此於民群進化之因。思過半矣。顧即今吾輩所目得者。已足以有所發明。則如吾歐中古以前。此中冶鑄之業。操以客民者。殆數百年。此無疑義。是客民者。或即今世吉布施❷之先。此曹操業。莫不深祕。往往譎詭譸幻。以神其術。故歐俗相傳怪異。於鐵工冶業獨多。此皆可考而論其所以然者也。夫自吉布施言。則歐之治業。固傳諸埃及者矣。

工業判分　阿利安種民。其所以降而益光。而終為五洲民族先進者。無他故焉。同遊天演之中。其民獨善體合。以從其新云爾。夫以善體合之民。見冶鑄之利用。未有不學而得之者也。既學而得之。未有不著出藍之美者也。觀吾英與法德之民。其中以鐵工為氏者最多。❸可知操其業者之至眾矣。且由之而他業之工。分殊塗焉。若梓匠輪輿。則得冶之鋸鑿釘削。而後顯其事者也。若業屨。若鞔工。則得冶之刀翦鉗針。而後呈其巧者也。自此以降。無慮數十。皆有待於冶而後進。故化之未進。冶之未為也。幾無所謂分功之事。若織紡。若鬋茅。若蒸炊。若釀造。家而為之者也。乃至此時。各有專業。而織人、圬者、餅師、酒工之名。紛然立矣。

商業之始　今夫工、成器致用者也。商、懋遷有無者也。則以人事次第言。固必有庶工。而後有商業。明矣。雖然。商之為事。固亦有先工而見者。澳洲之蠻。於民品為下下。無製造之足言。顧不可謂其無貿易。往往出其地產之良。以易其所喜好而欲得者。其所居產磻石。可以為斧斤哲礱之屬。此蠻之所重也。則賚其所采擷。以易白氂翠羽之飾於其鄰。凡此皆蠻所常行者。其為日中之市也。亦有其所必循之儀。身為商賈。行而近其鄰部之廬帳。必無失禮。而後以賓客待之。不然。則寇讐耳。今人見非洲種酋者必有贄。而酋亦出其所有以相為訓。無或爽者。凡此皆沿於太古者也。吾人於此。見近世商律之起點。而得懋遷天演之源。嗚呼。商業者。又人道進化之一大因也。

交易買賣 日中為市。交易而退。交易者。無一定之貨。民各出所有。以易所無也。此其術沿用甚久。顧其不便。則不待言而已著。甲部之蠻。蓄䭾毛甚眾。出以與乙部之蠻為易。乙之所有。不必甲之所欲得者也。則其事窮。其在同種一部之中。尚可懸之以為賒貰。而責所負於後來。異族行賈。不可懸也。以欲濟其事之窮。則為建易中而用之。此如今日非洲所用之蝸貝是已。夫蝸貝非他。特蠔殼耳。其形若出水新荷。捲而未舒。黃白色。背穹窿作斑。腹中分。函齒。聯百貝為一串。❹得此而交易事便。雖然。有不便者。則以其物之賤。無本值可言。受者常有失資之懼。則由是取有本值而為人所共珍者。固莫若用牛便矣。以牛為易中。凡貨之值。皆以牛計。蓋自易中立。而商業有交易買賣之殊。買賣者。資易中為間接之交易者也。甲部之蠻。出䭾毛與乙為易。而乙一時無甲所欲得者。則數牛以與之。故牛雖大物。而為價值之本位。衡貨貴賤。莫不以牛。久之而後有泉幣。雖然。泉幣之始。無圜法也。今人得古金銀錢。有於其一面作牛首者。則易中轉變之跡。愈益明已。且三品以重相通。不為圜法。今天下淺化之民。尚猶如此。雖然。何必淺化。吾英之鎊。為言磅也。蓋降乃言枚。其始固言重也。謂銀重一磅耳。

實業法制　實業者。工商之業也。由前之所逑。成物行貨二實業之所由興。可略知其故矣。然其事如牧畜稼穡然。雖在初民。未嘗無約束法度者也。則請繼言其法制。夫法制非他。分職奠居。見天演之利行云耳。

鄉社工業　自鄉社先有。而實業繼興。故實業之制常與鄉社之制。相謀而立。雖如鐵工。前謂客民之業矣。則與同姓聚族而居之鄉社。宜若不相入者。故冶鑄之場。古常在違鄉稍遠之地。而至後世。則鄉社鐵工。為其中團體之一部。此至今猶然者也。其他工業。若梓人。若鞔工。若紡織。若坏者。若餅師。若衣匠。其在今日東方社會。與古時歐洲社會。皆鄉社有分職之人。而傳世執業者矣。獨有古初商賈。則買賤賣貴。斷壟牽車。而行唱衒鬻。故社會常視為汙處。其人於鄉社。無所專屬也。而常有以通鄉社之交。以其身為綴屬之介。

鄉社市廛　自工業判分。演而益備。圖新去舊。業有專家。民知百工州處。於其業便。而易精進也。於是乎市肆之現象見焉。彼成物以供民用者。咸不招而自集。此今世通商都會海國市步之先聲也。社會學者每言。必工賈漸合。而後成市。或謂不然。乃市廛前立。有城郭之保聚。而後工賈輻湊之。是二說者。未知其孰信。顧所灼然可知者。則古昔邑居之制。肆在其中。而實業必待居肆而後益精者。亦無疑義。民處鄉社之中。其田疇之所產。固不必赴市而求之。若夫實業之所供者。非適肆莫之求得也。

且市肆有最重之義焉。則其中為局外之地也。殊鄉異族之眾。至於其中。皆平等無主客之異。故英語謂市曰馬磔。其字原於馬克。馬克者。國土相際之地也。❺其所以為局外之地者。蓋市肆必為和平之地。非戰鬬之場。歐洲中古以還。凡市皆立揭櫫為桓。狀若十字。此以見其地為宗教所翼保。其近今數百年。各國君王。亦以保市肆安平。為有國之要職。然此皆政教二柄既行之事。至於太古。不知所以保市肆和平者。又何若也。即今蠻夷社會。事所可徵者。則其俗供求二家。常處於不相接之地。譬如甲蠻。有所出以為售。則將其物置諸乙蠻廬幕之外而退。乙出審其所供之物。置其所欲出以為易者於其旁而亦退。甲還視。其價合。則取價置物。不合。則取物置價。此其為交易而保平和之道也。夫其事之委曲繁重如此。使吾人為之。不知一日之間。能市幾許物。顧有持惜陰之義於蠻夷之世者。何異覩持甕挈瓶之勞。而笑其不以機汲乎。時固非初民之所知卹也。若夫宗法之社會。則市固有神。以神之靈。而市亦無恙。至今東方之市。號巴察爾者。其制度禮俗。皆古種人所舊有者也。

工賈行❻社　民生上古社會間。其工賈之有行。猶其農之有族也。蓋民以一身獨立於群。以小己而對於國眾。此乃後世之群法。上古之民無其事。亦無其意識也。遊牧之眾。是謂種人。自以為同出於一原之血統。其相保也以血鬭。建人鬼之宗教。以深其感情。浸假乃進而耕稼。以其眾之寖多。乃分為族姓。一家之制行焉。分土授田。法度愈密。同姓者父子。異姓者主奴。主父為其懷保。奴子為其服從。天澤之義也。凡此皆以一眾為社會之本位。而非以一人為國群之么匿也。乃工商之制亦然。其所以收其眾而系屬之者。曰奇而特。奇而特者。行社也。一工師之身。入於異地。憂其不自保而為強者侵也。則約從其同業之人。為行社。其相與之道。猶向者之族姓也。其始以相保持而已。終之乃有鬼神宗教之事。無異族姓之祀其祖先。中古行社。莫不有其護業之神。其在支那。謂之祖師。雖其業不必祖師之所傳。顧其為號。莫不如此。甚且謂操其業者。皆神之子孫。自社會之日蒸也。行社之制。亦以日密。勒操作之章程。定物價之漲縮。同度量。閱廠肆。皷作偽者之羼雜。而尤重於排外人。是則行社團體所有事者。第使取其制而諦論之。則與往之族法有極類者。高曾規矩。父子相傳。使其父為社員。則其子之為同行。無疑義也。不然。則必其師為社員。工商之師徒，猶父子也。方其為徒也。居其師之宇下。飲食教誨。祭祀服勞。不殊親子。故族姓之名子也。從其祖父之稱。而行社之名徒也。以其先生之業。此今日歐人所由以業稱名之眾也。或曰。印度之喀斯德。所以為民等之分者。即其執業之異耳。近世行社。其制尤繁。有學塾以課其孤。疾病相扶。葬禱相侑。其相稱也以兄弟。爭則有長老以為之公斷。賈則禁其競爭。其事方之宗法。殆無殊焉。即其歲時酬酢。祏神飲衎。其事亦無異宗廟之燕毛。蓋中古工商之行社如此。

以下總論宗法社會

由蠻夷社會而入於宗法。由宗法社會而進於今日之國家。故今日社會之現象。一一皆可溯其源於宗法。且非經宗法社會之所為。有雖欲蘄進於今而不得者。宗法社會者。所以為今日之演進。栽成其民德。而奠厥群基者也。民智以降而日開。群業亦降而日富。宗法社會者。於其前則為之翕受。於其後則待以敷施。其制實本於民彝天性之至深。五洲民種繁殊。顧其所為。不謀皆合。繼自今。雖社會之演進無窮。而其所受於初者。將在長留其影響。此又人事之百世可知者矣。不佞言古社會。止於今篇。繼此將言近世之社會。故特於此。舉宗法國家二社會之異。重言以申明之。使學者於是而有明。其於今日社會。將無難通之故矣。蓋宗法較然可言者有四。

一以種族為國基也　歐洲今日言社會者。一切基於土地。故近世最大法典。言產於其國者。即為其國之民。而刑律必與地相終始。古之社會。乃大不然。其為遊牧行國。隨畜薦居。本無定地者。固無論已。即在耕稼地著之種。其言繫民之制。亦以種族。非以地也。乃至工商之業。亦有一本同源之誼。而不以所居之同方。雖同行社者。常州處於一廛一市之中。然實以同行社故。而居比鄰。不以比鄰故。而同行社也。夫工商之業尚如此。則所謂種人族法者。其社會之以人不以地。愈可知已。

二以羼雜為厲禁也　惟宗法社會。以種族為國基。故其國俗。莫不以羼雜為厲禁。方社會之為宗法也。欲入其樊。而為社會之一分子。非生於其族。其道莫由。其次則有螟蛉果蠃之事。然其禮俗至嚴。非與例故胳合者。所弗納也。向使古之種人。見今日歐美諸國。所以容納非種者，將九廟為之震動。而不為神之所剿絕者幾希。蓋今日社會。所大異於古者。以廣土眾民為鵠。而種界則視為無足致嚴。頗有近世學人。以古社會之所為為是。而持知類保種之說。此彼是各一是非之言也。特不佞所徵。則有世界歷史。所必不可誣之事實。必嚴種界。使常清而不雜者。其種將日弱。而馴致於不足以自存。廣進異種者。其社會將日即於盛強。而種界因之日泯。此其理自草木禽獸蠻夷。以至文明之民。在在可徵之公例。孰得孰失。非難見也。社會所為。不此則彼。無中立者。希臘邑社之制。即以嚴種界而衰滅。羅馬肇立。亦以嚴種界而幾淪亡。橫覽五洲之民。其氣脈繁雜者強。英法德美之民。皆雜種也。其血胤單簡者弱。東方諸部。皆真種人矣。其可得於耳目者又如此。

三以循古為天職也　今夫被服成俗。行古之道。雖今之社會。於所行猶居其多數。顧今之社會。率舊不忘矣。而改良進步之事。可並行而不相害也。乃宗法社會。則以習俗為彝倫。成法為經典。其於社會。有確乎不拔者焉。夫易者天之道也。故雖古社會。有雖欲無變而不能者。顧其俗以不改父為孝。循古守先。為生民之天職。則去故就新之事。非甚不得已。而孰為之。昔者吾英律學大家麥音顯理。遊印度內地。所紀鄉社聞見。有極可哂者。云其地以水泉之濁澀不甘。治其土者。有食水公司之設。具章程。謹開闔。而定其所納之貲。其為法本至平也。使有行之倫敦東城[7]者。民見泉甘價賤如是。未有不鳧藻驩訢。以其事為幸福者。而印之鄉社不爾云也。且謂英官以一紙之文書。廢數千年之舊俗。其事大怪。已而有黠者。告其長老曰。是所為者。非新法也。乃吾印之古制失傳。考諸典籍。復而用之耳。其眾乃相悅以解。且謂古人之制。果勝今人也。蓋印之習俗。雖工商實業。所行之法度章程。亦必相矜以久故。其民所以有喀斯德之等衰者。溯所由來。亦緣宗法之舊制而後有。吾黨嘗稱不變之泰東。顧宗法與不變為同物。無論泰東泰西也。

宗法所行。即無變進。惟其不變。故物競不行。❽蓋物競之與維新。又偕行之現象也。同居一社會之中。彼競而獨存者。即以所為優於蹈常襲故故也。宗法之社會。其中即有所競。亦不過同遵古始。而為之特良耳。使居愚賤之地。而自用自專。則栽逮其身者也。若夫工商實業。其為競尤難。觀一二名義。則其時之人心可以見矣。曰壟斷。曰貴庾。皆賤丈夫之事也。顧居今而觀之。則所謂貴庾者。非他。購於一市之先。儲之以待善價而已。所謂壟斷者。非他。所豫購者。幾於盡一市之所有。後徐售之。而邀及時之利而已。是二事者。今之商賈。時其可為。孰不為之。未見其人之為賤丈夫也。何則。人各自繇。平均為競。而亦各有所冒之險故也。嗟乎。使古道而猶用於今。彼之持牢盆而操籌策者。為狴犴囹圄中人久矣。豈特賤丈夫也哉。

四以家族為本位也 夫宗法社會。以民族主義為合群者也。顧其言合群也。異於言社會主義者之合群。社會主義之合群。凡權利財產。皆非小己所得私。必合作而均享之。而宗法社會不然。未嘗廢小己之權利矣。而其制治也。又未嘗以小己為本位。此其異於言社會主義者。而又與國家主義殊也。故古之社會。制本於家。且古之家。大今之家。往往數世同居。而各有其妻子奴婢。統於一尊。謂之家長。家長之於家。為無上之主權。由是等而上之。家聯為族。支子為之長。族合為宗。宗子為之君。則所謂種人之酋是已。吾人居今日之社會。皆以一身徑受國家之約束法制者也。而宗法之社會。則種酋宗子。行其權於族。族長支子。行其權於家。家有嚴君。行其權於一家之眾。且其行權也。與今世官府有司之行權。必不可混而一之也。今世官府有司之行權。皆己本無權。而所奉者國家之法。而種酋族長所奉者。其種之舊章。而傳之於先祖。故咸有各具之權。

不佞所以言宗法社會者止此。學者欲知其制之詳。則有郝略爾之希羅邑社一書在。夫希臘市邑。乃宗法社會之極制。其中有必非後世社會所可幾及者。不幸有弱點焉。遂為天演之劣敗。至於羅馬種民。亦以是始者也。雖其美善。遜於希臘之所為。然以及時知變。而拓闢疆土。遂跨亞歐。凡此皆古今社會之極盛者矣。

附註

❶ 按此蓋指馬克穆勒。

❷ 其人蓋歐之流丐，相傳為埃及種人。

❸ 其字在英曰斯美德，在德少異曰希密特，在法曰法和魯，皆人氏也。

❹ 按此不獨非洲用之，暹羅南掌印度皆然。而中國古所用亦此物，故貝字為象形，而凡貝之屬皆從貝。

❺ 按此與吾國市字造意正同，說文市從冂，從之省，從乁乁及也。邑之外為郊，郊之外為林，林之外為冂，市字從冂，其為局外之地，與西字之原於馬克者不謀而合。如此，故復謂六書，乃治群學之秘笈也。

❻ 音杭。

❼ 東城貧者所聚。

❽ 按此特言其內競耳，至於外競則劣敗之林也。

國家社會三

（亦稱軍國社會）

拂特封建分 第八

嗚呼。學者欲求近世國家社會之原。舍兵事之演進。則烏從而求之。此人道之可為太息流涕者也。而無如其為不可掩之事實。問今日巍然立國。其始有不自戰勝而存者乎。固無有也。世方熾然各執強權。以取亂侮亡。兼弱攻昧。則其制治也。咸詰戎尚武。而稍存宗法之舊制於其中。此今文明諸國之實象也。雖然。兵固凶器。而武節亦非人道之極隆矣。然其中不乏善因。為群演之所託命者。是又不可以不知也。

兵事之演進　所不可解者。社會之日蒸。方體國立制。期益進於昇平。顧兵戰殺人之術。乃進而益精。皆古人所未嘗夢見者。何耶。夫社會之有兵。著自古昔。種與種戰。族與族戰。乃至一鄉一邑之間。未之或免。然古之為戰。特械鬬耳。兩眾相讎。時戰時熄。自軍國制立。而師出以律。以今視古。霄壤懸矣。今之國家。以戰為業者也。古之種人。以戰為劇者也。

生齒之日蕃　夫兵戰殺人之術。日益張皇如此。此其所以然之故。雖未可以盡明。然有一二事焉。足以致然。則可決也。自其最顯者而言之。莫若生齒之日蕃。生齒日蕃。而所以養生者愈儉。則兵爭禍亟。此不遁之驗。必至之符也。夫社會以平法論。其戶口莫不降而益蕃。蕃而不止。則必有數事者見。不但兵也。有時則癘疫興。夫癘疫非無妄之天災也。必有與之相召者。口多而貧。衣食不給。居處不蠲。不蠲則蘊毒。時至疫興。其於尩羸疲餓之民。猶秋風之於黃葉耳。有時則轉徙流亡。趨於人少而易得食之地。此固可逃一時天行之虐矣。顧其事有期而易窮。其勢將無所復之。又有時以科學之精。於農工有改良之制。地利人力。同於昔者。而所收之實加多。即若太古之時。由畋漁而為畜牧。由畜牧而為耕稼。皆古之聖人。益實阜民之事也。最後所以芸過庶之民者。莫烈於兵燹。兵燹者。種民爭存之事也。當此之時。弱與強遇。或為其所剿絕而無餘。此不常見者也。或為其所係纍而奴虜。此常見者也。蓋物競之可驚如此。

財產之日增　後世戰爭之日劇也。尚有他故焉。則農工商之業興。而民財日益故也。夫農民固富於牧民。而工商之民。法尤隱賑。牧民之富。雖遇兵寇。易為避藏也。捲幕執弓。驅其牛羊。絕大漠而去。敵來雖不見一虜可也。而地著之民不能。餘糧棲畝。皆所經辛苦而耘耔者。就令清野。而倉箱之積稸。罋谷之酒醪。無由盡挾而去也。歷累世之拮据。而幸有一朝之家室。使有百分一之可守。違而不顧。非人情也。惟其民恆產之豐如此。故其為寇攘之所心豔愈深。乃至工商之所儲偫。瑰瑋珍奇。靡不備物。則尤為掠奪者之所涎羨明矣。是故將帥誓師。設告其眾以所與趨者為五都之市。商賈輻湊之區。則士卒騰歡。勇氣百倍。何則。樂刦擄也。❶窩得祿之役既罷。德將布盧喜來英。登倫敦聖波羅寺之最高頂。俯瞰城市。布不覺自唶曰。美哉城乎。吾安所得而掠之（Wass für Plunder）。此曹束髮從軍。掠奪若根於天性矣。❷

兵器之日利　冶卝範金之術既精。斯戰鬭之情。亦緣以益奮。自然之理也。彼見辟鐵煉鋼。製為兵甲。其堅完犀利。非檿弧楛矢革盾竹冑所得當也。則侮弱侵小之心。隱然起矣。且天演之進。事常存於判分。自武事之日張。則社會之中。有執兵任戰專門之業。執兵任戰有專門之業。則軍國社會之形以成。三古之世。人莫非兵。治化既蒸。分功日密。而武略亦以加繁。非終身其業者不足以當勁敵也。嗚呼。學者識之。凡此皆與軍國社會之興。直接為因果者矣。

日耳曼之古俗　羅馬之舊史氏撻實圖。其述條頓種人舊俗也。於吾人之先祖父。有足異者焉。其種有伯林瑟。伯林瑟者。擇於貴種而立之種酋也。有獨克思。獨克思者。擇於壯士而命之將校也。由此而有今之伯林思。親懿之號也。而有今之貂克。五等之首也。撻又言凡獨克思之左右。常有選士。❸於其部之常業。畜牧耕稼無所治。而獨任執兵戰守之事。入則拱衛其主之所居以為守。出則相從。攻奪其鄰部以為戰。與其主共案同牢而食。衣裳湩酪。則主家之婦人供之。戰有鹵獲。得輕重為分。故選士於其長例至忠。有急。常誓死勿去。凡此皆見於詩歌傳誦者矣。使其將亡於野。而士生歸。則常為沒世之大垢。故古曰耳曼。一將既仆。環其尸者恆數十百人。皆選士也。蓋其俗如此。是選士者。其始必族人也。久之則不必族而以選。但使其人尚武節而樂從軍。則皆可自進於此。此蓋執兵專業之初哉首基者矣。

國家之始　自執兵有專業。而近世國家之制。兆魄成矣。所謂將校者。古又稱奚里託。言領軍也。所謂選士者。古又稱成師。言臣僕也。但使是奚里託與其成師。有一定之壤域。可以久據。斯一小侯之勢以成。自其大略言之。則其始之所以成國者。不出二道也。

一力征而并兼　奚里託之能者。既為其眾之所伏。則以兵力征服旁部。推廣勢力。而為大部之酋。此唐五代間。所見於英倫者也。經累世之紛爭。并吞小弱。終於七部。而額格白為之雄。其同時歐之北部亦然。而定於那威、丹麥、瑞典三國。餘則刻羅狄種人。其在蘇格蘭西衛。所為同此。洎諾曼之眾。渡海勝英。刻羅狄諸部猶在也。獨愛爾蘭一島。以無梟雄。故莫能定。而歐洲大陸。則法之先祖。有葛路遺❹者。方逞雄心。欲為統一。顧始雖盛強。末路顛蹶。全歐泯泯棼棼。號黑闇時代者。即此時也。蓋由小部落。以力征并兼。至於成國。脫時會未至。抑事之以非其人。往往既合而復散也。

二轉徙而啟闢 至種人轉戰以入客地。剋伏主種。因以立國者。尤多有之。此如義大利北部之狼巴邸。則以條頓客種。戰勝拉體諾本種而立國者也。他若維西峨特之於西班牙。二者皆上古之事。降及中古。種人以轉戰闢國者。莫盛於諾曼種人。諾曼譯言北種。於第九世紀。則入俄羅斯。於第十世紀。則入法蘭西。於十一世紀。則由法逾海。而入大不列顛。於十二世紀。則開基於悉錫利島。四百年間。開國三四。獨最後入耶路撒冷。國祚不長。而種人成烈。至今赫赫在人耳目。嗚呼。偉已。

國家形性 以前者之二事。而新社會興。言其形性。有絕異於蠻夷宗法二社會者。自其最著者而言之。則一切治權。義由地起。所重者邦域。而種姓為輕。雖其中王者。猶循宗法之舊稱。如英王曰英吉利王。不曰英倫王。❺顧以事實言之。則王者之治權。常與其國域封疆為起訖也。民居其國中。乃至足踐其土者。皆其治權之所制。故臣民稱東百捷。古曰東百的圖。皆降人之義。有服從上令之職分。而所尤重者。使之執兵戰守。則不得辭。故古今社會。有絕不同者。古為種人之社會。今為軍國之社會。身為軍國社會之民。最重義務。莫若執兵。出則為戰。入則為守。惟此其國乃有以立於天地之間。足以制人。而不為人所制。此國權至尊無上之義也。前此種族之別。固尚行於其中。而為國家所不敢忽。顧立國統民之基。則不在此。且以并兼轉徙而造邦。故羼雜之禁。有不容以不弛。臣之與主。不徒血胤異也。言語服習宗教。往往無一同者。兼容并包。此大國之所以為大也。彼戰勝之人君。莫不知人才之可寶。則捐除種界。歸斯受之。所注意者。必利國家。文謨武烈之間。收得人之用而已。其人常有高矚遠想。亶首出之聰明。深知闊納眾流。於治道最利。且於國為富有。於己為光輝也。故常洞闢國門。以招計士、武臣、駔賈、巧匠。使與其國民相摩切。為日新焉。此其主義。所見於歷史者。固未嘗無一時之紛。為親戚舊臣所怨讟。然以其事之大利。故其爭常不久而遂安。

宗教維新　吾向言宗法社會之形性也。曰排外而鋤非種。又言人鬼之宗教也。曰其教可私而不可公。此以見政教二者。程度之相得。而常存其最宜者矣。自社會既由宗法而化為國家。種人排外之局。勢不容以不破。蓋排外風成。即以尊祀祖先之故。此可考舊史以證吾說者也。歐洲群演。有至奇之會合者。則社會群法之變形。即在宗教維新之時代也。其演成之社會。以兼容并取為精神。其皈依之宗教。亦即以平等無外為宗旨。夫謂兼愛慈祥之景教。乃為力征經營。以兵為國者道地。聞者殆將以我言為狂。雖然。種人排外之不深。異族之能即於和。而大邦有締造之望者。真景教之力。灼灼無可復疑者也。請徵之歷史。其聲光最著者。則葛路遺皈依基督。與其收歐西半壁。成拂箖帝國。二者有密切關係。雖享祚不長。不可謂非偉烈也。其時白幹柢。撒孫尼。則皆以範偶祀先。而為拂箖所征服。而尤大者。則夏律芒。仗景教之號。而驅大食沙拉先種人於佩里尼之外。而歐洲景國界域。從此奠焉。今夫景尊倡教亞西。原為貧賤。顧帝王回向稱護法者。乃建豐功。歐羅西北諸邦。莫不如此。此皆著在書策。可為深思者矣。方英倫之散為七國也。根德王伊體魯白。首崇景法。為英民前驅。已而七國之王與民。皆從教矣。古語有曰。一教一王。此言二者之制宜統一也。以此。舊之殊種異宗漸合。而英倫為建國於列強間。國家與教會。長成並立之統系。然則景教之無負於人國明矣。且使廣而言之。將不獨景教。為有大造於人主也。穆護驀德稱天使於墨加。而亞西之諸種皆合。阿克巴奉之。以告天於印度。伊斯邁里用之。以享帝於波斯。而仆羅馬之東朝者。則康士但丁之回部也。凡此又皆仗宗教以建立大國者也。蓋政教相因之變常如此。

命爵維賢　更有進者。自國家社會興。而例故拘牽。亦較宗法之社會大減。夫國家社會之異於宗法社會者無他。國家以軍制武節而立者也。以爭存為精神。為域中最大之物競。不競則國無以立。而其種亦亡。今夫循古法舊章。而可與言兵者。此於蒐苗獮狩可耳。此戲也。非戰也。果戰。而死生亡存。在出入息間。則未有不竭其神慮。其身無一肋之不遒。無一涅伏之不警。以與敵爭一旦之命也者。有為之建一謀。畫一策。知由此可以破敵。彼將額手再拜。受而行之。以期於一當。不問古有此否也。不曰吾先世莫有行之者也。即有仁義禮讓之說。若今之公法。古之軍禮。為用蓋微。藉令其說大行。天下即以無戰。不幸物競之實。不如是也。古開國創業之人。固皆善戰而有功。其有功也。在運籌決策。往往取古法而唾棄之。其舉動驚一世。❻夫如是之人。欲其不愆忘而率舊章。殆無望已。故其取人求輔也。亦惟其能。而種族身家。與夫一切例故。非所恤也。於眾人之內。某也彼見其能戰。某也彼知其能謀。此或長語言。彼或知扼塞。乃至書札歌舞。一技之可庸。彼則拔之庸伍之中。置之一己之側。種族國土何較焉。且彼知其位之至難據也。則凡可以守位者莫不為。而守位之術。固莫若使左右之人。盡其所能致之豪傑。果賢。且不辨親讎而舉之。又何種族等流之與有乎。故歐洲宗法之散也。首徵於命爵之異古。往者錫爵胙土。必首懿親。與其種人。富厚舊家。多畜之主。乃今不然。王之所命足矣。考條頓之舊文。知其所謂衣塞林者。❼至是皆為安都拉沁矣。❽安都拉沁。雖奴虜無傷也。但王視之為昆彌❾足矣。雖為時建侯之典。亦施於舊種之酋。然其主義政策。與古宗法之所為大有異。由此降而愈變。遂成今世之閎規。蓋國家主義行。宗法主義日微。有如此者。

拂特之制　雖然。中古之國家。所與今日之國家。其制不可混而一者。彼之政柄。統於一尊。而今之治權。成於有眾也。然所謂統於一尊者。亦不得言之而過。夫霸者之於國也。罔不欲威福之由於一人。籠億兆之眾。而惟已意之所予奪。此古所稱之皇極。而東方學士。所目為天下有道者矣。而無如其勢不能。蓋自隆古迄今。雖極奴性之國民。實無一世而如是者。國家主義既興。君之於民。常欲為徑接之治。莫不欲取中間之階級。凡所以為壅隔者。一切而空之。❿惟明智之英主。察其勢之不可以驟。而等衰隆殺。凡所以為堂高廉遠者。又未嘗不可守位而養尊。則於是乎有眾建藩翰之說矣。躬擐甲冑。肇啟土疆。其為此也。或出於力征而并兼。或由於轉戰而啟闢。顧一方之中。非盡平等齊民也。將必有其眾所推尊仰庇之豪宗右姓。夫如是之豪宗右姓。霸者雖具權力。往往欲盡鋤難。則擇其最梗。雖柔道且不可格者。乃戰而阬之耳。其餘則固可以優容也。容之奈何。曰使知猶得長守此富貴者。有所自來而已。君臣之義。所爭在名。固無難定。即有時責以貢賦。乃至建莫非王土之說。一若是種人之所克有者。一切皆受賜於新君。凡此皆非種人之所齗齗者。蓋此時所重者。在保其舊封。使所耕穫者無恙。已甚幸矣。至於所責貢賦之實。轉而責諸其下可也。又使有所誅鋤。而其地為新君之所有。則酬庸錫土。以畀昆彌。而新國之形愈固。其中有分地甚廣者。則轉以分封其下之臣僕。侯國王國。有比例也。此歐洲中古建侯分土之規。所謂拂特之制是已。

封建之制。其根苗實伏於遊牧之時。觀前論涅彌受畜諸俗。則貧富貴賤之勢。既已懸矣。特至耕稼地著。土壤有無。所關最鉅。於是受畜之俗。變為受田。而踐土食毛之義以起。雖然。受田矣。而有虛實之辨。實者何。甲實有田。授之於乙也。虛者何。乙自有田。歸之於甲。還復領受。名為甲田。此其事於英律謂之薦附。薦附云者。自薦其田。以附屬於人也。歐洲當羅馬不綱之世。田之薦附者最多。大抵下戶窮簷。用此以得強宗之保護。且其事不僅見諸田畜二業而已。工賈行社。欲保其自主之權。或以制限人數。排禁外來。必皆有所附屬。蓋封建之時俗固如此。有所託芘。而後不為強食之弱肉。且可為食弱之強。邑業野業。固無異耳。終之若宗教明神之業。為神甫。為祆師。主一方教寺神堂。以受眾之佈施。亦必有護法者。其勢乃以不傾。此住持之所以稱恩供也。總而論之。則封建時代。其一群生養形制。大抵盡成拂特之規。其民之以等次相治也。與宗法社會。不相懸殊。而其所絕異者。民居宗法社會之中。其所受於群者。以其為一群之分子。自有生而定之。至於拂特之世。民一身廁於社會。一切權利。皆有所受而後然。亦皆有應盡之職役。以為酬於其上。其間高等之民。有死長從軍之義。固矣。乃至齊民編戶。或徭役焉。或租稅焉。或二者兼焉。則視其人之執業。百工居肆。則於王有歲輸。巫祝在廟。必常為其主禱祈。以盡其交神受釐之天職。此真古人所難。謂君臣上下之分明。而萬事得其理者也。

天演階級　歐洲拂特之制。其綱要粗具於此。至其纖悉。與其制及群之效果。行將進而論之。不佞乃今所與學者言。則封建於社會天演。為何等階級而已。封建者。宗法軍國二社會間之閏位也。昔者法儒郎養。嘗極蒐討之勤。而定拂箖拂特公田。與法國上古種人。所分之舊壤。英儒斯堅尼。則證蘇格蘭十一世紀之侯伯。皆刻羅狄族酋之變形。此不獨法蘇二國然也。凡國所經。莫不有是。或曰考拂特制度。每苦多所牴牾。而不精明。何耶。曰此法制見於餘分閏位者之所同也。蓋其制之於群演也。既不足以久道化成矣。而二境變嬗之間。又必得此而後利。不見明燈照影。以幻景物者乎。方二境相接。不驟變也。而為之融景焉。舊者欲去。迷濛離合。忽若有無。少焉新者漸生。如春花之放。如新月之恆。觀者意和。而意中無犁然之跡象。拂特者。社會天演之融景也。

附註

❶ 按拿破侖初起，將兵以入狼巴邸，是時，法兵無餉者幾年餘，其所以誓眾者，即如此也。

❷ 按布盧喜與威林頓，合破拿破侖者。

❸ 按此即越絕書所稱君子者，今西國之奈德，即昉於此。

❹ 按後之路易即其裔也。

❺ 英吉利者，其種，英倫者，其國也。

❻ 按拿破侖初用兵於狼巴邸，七戰七大捷，以十餘萬眾摧奧人百萬之師，即以一切不循古法之故。一奧將某告其國人云，何許來一少年，忽來人先，忽出人後，偭規背矩，出沒無常，戰事從此不可為矣。

❼ 言世襲之貴冑。

❽ 言王所任使者。

❾ 猶言近侍。

❿ 按秦之變古即亦如是。

國家初制分　第九

是編義法。凡言社會法制。皆先詳其所由興。繼乃徐及其法度。夫國家社會之所由興。吾於前篇既詳論之矣。乃今將言其法度。法度者。凡其所以經緯紀綱。以善其生養。行其政教者是已。則取其大而先見者言之如左。

一**國君之名位也**　凡國有君如今日者。溯所由來。不出前者之兩塗。或力征而并兼。或轉徙而啟闢。此於歷史。灼然不掩者也。歐洲政界。自法民革命。制之變古即新者多。而先是據王位以臨國民者。皆執兵擐甲戰勝攻取者之子孫也。輓近百載以還。傳世之統。固多隕絕。而新建之國。雖名稱異號。而主權位分。則不異其初。吾聞泰東之人。謂君臣之倫。為與世宙終始。此其說雖不盡爾。然亦可以見其制之至堅難破者矣。

雖然。所不可不謹為分者。古之人君。非公制也。私人而已。夫古初之王者。大抵以武人為大君。操殺人之器。驅執兵之民。以并兼土壤而竊據之。其人固天錫之勇智。常有以持所逆取者而不亡。則自予其身以所應享種種之權利。❶當此之時。民所俯首服其衡軛者。特力不足耳。心未嘗不謂其人為一世之暴者。亦姑容忍。冀天或奪其魄。而有一昔之死亡也。蓋彼之所為。大抵皆毀蔑古制紊亂舊章之事。其神厲。其氣矜。其舉措多非常之業。此其與宗法社會種族相保之民有甚異者。蓋王者後世社會之代表也。而宗法種人。則成功而退之舊物耳。則是二者之不相得。不亦宜乎。

創業垂統　夫如是之事。又彼創業王者所深知者也。彼皆一世之雄。不徒明於兵事而已。以事會世變之飽經。故於人情尤悉。而知所以待之。夫率一成一旅之眾。以開國為王。若葛路遺。若提渥多力。❷若阿羅歷。❸若額格白。❹之數君者。皆睿智聰明。卓絕儕偶。其知馬上得者。非馬上所能守久矣。故雖牢握兵柄。以建威銷萌。而其所以奠基扃而詒後嗣者。則固有他道之從。此又可得以微論者也。

收集主權　創業王者。以戰勝取威固矣。然使民心不附。則其勢不可長而終傾。夫民心之歸附。不可強而致者也。即行仁義以撫循之。其事亦未必皆效。則於是有至巧之術焉。其術奈何。曰必自同於其種之舊君。而取其民所素嚴者。以附於一己。則如己之所自出。必貴種也。夫彼戰勝之武人。固不必為所勝之種之貴族。而為鄰種之貴族世冑者。則時有之。亦有時起自至微。而今之所以上人者。徒以戰利之故。以初民之易與為誑也。

則必為之矯偽焉。曰王固某若某之裔孫也。其始為神人感生。錫羨垂慶。雖其系中微。乃鬱之以為今日之大赫也。斯聞者帖爾服矣。故吾歐舊史。所載帝王之譜牒。皆遠追遐溯。至於詩歌野史所共誦之神人。為其種人所不忘而詠歎者。而其身為之雲礽。此其累用而效之一術也。其次身為新王。而為其種人之所不附矣。則必取其種中最貴之女而妻之。雖宗法之義。統系於男。而女子無特別之權利。顧人情暱其戚屬。故為此者。種人常以為親。而樂於歸往。此又其累用而效之一術也。總之新王者。破壞宗法社會者也。然欲破壞術神。則必借宗法之所嚴重者。以為之用。用之苟得其術。則創業垂統。可繼之基開焉。前謂西衛立酋。略存選主之制。夫古之選主。固與今之選主不同。出占探丸。皆無此事。故所謂選者。不過言揖讓登庸。其非生而貴者耳。拂特新君之立。有由其屬所推戴者。是則所謂選之道也。彼擐甲辟疆之夫。使威令果行。則一姓之業。莫不可以傳於其子。❺人情莫不愛其所出。大業所託。非其子而誰與歸。且國位傳子之制。雖出於私。而自其果效言之。未始非社會之幸福。蓋其事與宗法社會之眾情合。又以行前者之二術。故人人以為當然之勢。而無可爭。無可爭。故其所傳者。雖人人之所極歆。可無至於生亂。故曰社會之幸福也。往者烏託邦之政家。常夢想慨歎於揖讓推選之不復行。彼謂帝王傳子。固不常賢。惟眾推公選。而後神器所歸。皆為明聖。豈非天下極可願之制也哉。雖然。是其說則甚美矣。而考諸古今歷史之事實。則其效又何如。自所可知。不過三者。政黨互爭。元黃水火。朝野內外。衝突破碎。無一地之安。此見諸波蘭未瓜分以前者一也。人懷帝制之心。則豫許操主權出占者以無限之權利。馴致即真之後。主權旁落。不可復收。此見諸羅馬帝國者二也。操選柄者。欲得利己易事之君。例取無所短長。莫與反對之人而擁立之。以為傀儡。而己則執神之機。此見諸近古號為民主之國者三也。直至風潮滔天。國有覆亡之慮。獨於此時。彼操選柄者。乃懷棟崩身壓之憂。而推立其有賴者。然而國之所損。則既多矣。嗚呼。社會之民德未蒸。彼烏託邦之政論。其不可用。盡如此矣。

選主餘波　歐洲諸國。王位之傳立。雖今與古殊。然其遺制。往往尚有存者。此如建儲。若顯然見形體之不完。抑心神之瞀亂。於法皆可廢之。而更選其餘子。蓋宗法之所繼嗣者。義取傳宗。不必傳子。傳宗者。傳諸其家最長之男也。此制俄國循用最久。蓋至十七世紀而猶有然。

會合神權　得前之諸術。則向之所謂私人。乃今儼然公制矣。主統馭之神器。守天人之大寶。而為刑政禮樂之原。蚩蚩氓萌。循其習慣。遂若一有眾民。則必有其統治之者。而君臣之義。乃無可逃於天地之間。雖然。彼古王者。所以保其富貴權利者。尚有一至術焉。則自附於宗教之神權。而與之共休戚也。前言宗教維新。已見國家與教會。為並垂之統系矣。今請更證之以歷史之事實。方吾歐之中葉也。凡崇奉景教之邦。其神甫畢協。皆王者最親之疑丞輔弼也。即教中人翊戴王室。亦較他黨為忠。朝廷賞賚。稠疊連翩。而教會所以報答之者。若取王之袞冕寶座。而被之以神聖不可干犯之圓光。是所為酬。亦云厚矣。蓋自登極踐阼以還。神膏釁首。❻至於撤几大行。名在神籍。凡皆宗教為之節文。示隆重耳。乃至東方回部。禮典尤嚴。蓋政教二原。合於一人之體。❼凡此國權神權。相為表裏之制度。皆所以塞宗法社會之末流。而不使人鬼之教。復用事也。

二輔治之群臣也　往言日耳曼之古俗。見柏林瑟獨克思之倫。莫不有相從之選士。選士委身以事主。而其主解衣推食。時至則能尊顯之也。故使柏林瑟之徒。發跡而成王業。是選士者。論功行賞。皆其國之元勳。而為王之近臣與輔相矣。用武初定之國。事未可知。元首股肱。相依為命。莫為之輔治。將王業不可以久安。而非得王者以統馭之。則其勢亦散。而漸歸於澌滅。股肱之富貴。元首之尊榮也。國本之堅牢。臣子之幸福也。故曰相依為命也。夫言後世之憲典。於古據亂世之間。而謂彼之群臣。猶今世之臺閣。有所守之法度。足以禁制王者之為非。此於事實。失之遠矣。古者王者對於臣民。無責任也。但使不顧其下之怨咨。固可獨行其己意。即今亞洲。事猶如此。雖有時彼輔治者。亦竊附舊制。而自居於宗法長老之列。顧言其實。則新王之徒隸耳。隨王之喜怒而升沈之。有不從者。斯為大逆。雖然。使學者自天演階級而觀之。則古之近臣左右。乃今世行政臺閣。萌蘗之所存。而亦有以禁制帝王之為虐。蓋其始。是近臣左右者。王所使令之僕隸也。浸假乃為其所疇咨之謀士。明王行事。固罔不咨。而史稱從諫如流。為前王之盛德。故其始咨於近臣。為王之美。繼乃謀及卿士。為王之誼。終則議於閣院。為王之職。夫行事而為其美。可以無然者也。誼則宜然者矣。乃至於職。則雖欲無然而不能。則今日立憲之治制也。❽蓋治化既蒸。其輔治群臣。天演之階級如此。是故今世歐洲各國之內閣部院。所謂刑法行政諸權。不特非王者國君之鷹犬也。實且為國民性命財產之金湯。雖然。此後世之現象也。而即古初言之。則輔治之群臣。所以扶王業。鞏國基。使不至於傾覆者。有四事之可言。

(甲)**得彼而後繼統成**　以私人言。王者有死。以公制言。王者無死。使王者而死。必政界轉輪❾而後可。民生今世。見王者大行在殯。嗣子負斧扆而朝群臣。雖諒闇者五尺之孤。天下不至於遂亂。則漠然以其事為固然。此未覩夫據亂之世也。據亂之世。每一王者死。則其國之亂萌形焉。為危為安。間不容髮。其平時在在皆伏亂機。特以先王之威。伏焉而已。故某古史有云。越翌日王崩。亂象乃見。民乃出以相讎刦奪。此紀實也。大抵初民之思。最為簡淺。其於事也。莫不以古所行者為是。以新所用者為非。新王之至。去故就新之事多矣。曩之所以不叛者。徒以王在而已。今王死而壓力去矣。斯人懷復古之功。而各行其所謂是者。此亂之所以滋也。且一王之興。使其威令果行。則所謂新令者。固無一焉不與初民所愛護者相反。略而言之，如禁血鬬。不許復讐也。如行新政。以飢故鬼也。或傜役租賦。為其舊之所無也。或容納非類。為民族之所大惡也。私憂竊憤。叩心呼天。所不敢即叛者。直須時耳。而今之時至矣。自王者有群臣以為之顧命也。是種種亂萌。乃無由發。無由發而後繼統之業以成。故以常理言之。一王告終。是之群臣。宜歸消散。乃今不散。而猶立於嗣王之朝。此政治機關之所以常行。而王業之所以不墮也。

(乙)得彼而後法制立　今夫新主之於其民。所最為其所不譓者。其惟輕更法制。見惟己之所欲為者乎。夫古之民。非今之民也。輕更法制。今之民尚猶惡之。況古之民沿數百千年之習慣。而既安之若素者乎。今夫建一王之法。欲一切因仍古禮。而無所損益於其間。不可得之事也。雖然。使彼而畏於民嵒。則其變之也。必出於不得已。不得已而變之。尚庶幾有其諒之者。故有時圖治者。知其民之難與慮始也。使其法非存亡強弱之所繫。則與其紛更以己意之所善。無寧沿用其民情之所安。蓋樂守舊者。常民之所同。而宗法之民尤甚。彼未有不以變法為紊亂典常者也。至於國以守舊而弱。種以不進而衰。此顓蒙呰窳之民。所萬萬不知為計者也。彼新王之輔治。以其眾之實繁有徒也。故其議事常以制。而不惟王意之所欲為。且有時以制之變更。己之厚實。從之而去。故其遇事也。常有以救其王之輕剽。而舊制或賴以存。而新制亦因之以立。夫國民畏新。而群臣亦樂守舊。使從其計。則民情順而王業安矣。⑩

(丙)為之含垢納污　且古之國家。府眾怨而為具瞻之的者也。至於新造之邦。其為民之所毒也尤至。向使譏毀謗讒之至。而悉受之以王者之一身。此於國大不利。而居高臨下。朽索之馭愈危。自王者有此輔治之群臣也。民之詬責。常有所分。甚且於群情洶聳。不可彈壓之時。得犧牲其一二人。以謝國民。而疏其怨氣。此誠王者之大利也。且臺閣有司。具長貳丞僚。為國家公制。公制之受責過。常便於私人之一身。所以受國不祥。雖為臣下之所苦。而於國君則其勢甚便。而大禍有時以袪。此群臣之所以扶王業。鞏國基者。又其一也。

(丁)作其股肱耳目　夫曰作其股肱耳目。臣子之所以利君上。此其最顯。而為人人所共見者矣。蓋一身之知覺運動。雖有非常之人。至有限者也。雖有王者如普魯士之伏烈大力。察其國者。不能周也。使莫為之耳目者焉。其所居者。將愈益闇。群臣者。人主之耳目也。彼先察焉。而王乃察其所察者。故王之於明。常逸而有餘。於知如此。於行亦然。竭一人之所能為。雖窮日之力何足濟。即在中古。王所有事者。莫若兵。顧一國疆域之廣遠。彼不能盡防也。矧夫中古以降。乃至今日之國家。雖程石倚衡為之。不暇給矣。群臣者。又人主之股肱也。王執其中樞。而彼為之奉令而肆應。是無異一人之身。而傅之以無窮之手足也。故王者之於國事也可以周。嗚呼。雖在上古。君立則不可以無臣。而臣之所以事其君者。自其初之事實言之。大抵具如此矣。

三眾建之小侯也　方國家社會之始見於歷史也。曩所謂輔治之群臣。皆其左右近習。在先後奔走疏附禦侮之列者耳。時平則在朝。戰爭則在野。雖有睽聚。大抵在王左右者也。前謂選士。食則與其主同牢。居則環衛王宮。蓋太始之俗。至今猶有存者。然使所拓闢之土地誠廣。則拱衛新主者。不獨資近臣也。封域所暨。皆不可以無人。則眾建藩屏之事。不容緩已。其勢之最便。固莫若因宗法舊有之種酋。使其誠服。則因而立之。以為新朝之代表。此於勢雖未必甚安。然較之武力誅鋤。令盡起以為吾敵。

難易之勢懸矣。若夫形勢之地。則亦易其舊而建其親。亦有故君已亡。或以罪殺。則置其所信者以為守。此其事率常行之以漸。往往經數十百年。則故酋無一存。而新朝眾星拱極之勢成矣。然亦有更歷久遠。無大變者。此如吾英。其中僻遠之部。有至十九世紀之初。猶為種酋之所主者。則又不可一概論也。考吾英之分國土也。其命名有噶翁邸。有狹阿爾。皆種人之部落也。其中一二。如達比狹阿。如柏和特狹阿。則後世建城設險之部。所沿中古以來諸部。大抵皆當時族社所居地。而自拂特定制以來。郡部有遞析至極微小者。無取為之覼縷也。

古眾建之小侯。往往得國矣。而其身列本朝如故。其錫土開國諸侯。在英曰耳呼。伯在大陸曰貂克。公曰噶翁脫。子國有大事。得朝入預廷議。盎格魯撒遜朝。貴族總曰威丹。威丹猶云賢者。王之親懿。教會大人。與民族之長老。王朝之僕從。皆威丹也。然而後二類人。不必盡預朝議也。

拂特三章 此篇所論。乃由宗法以入國家之初制。舉其最大。則有王者。有群臣。有封建也。封建者。王者之代表。故其人皆對王朝而有責任。諸侯之職。古史所述。其最為賅簡者。莫若海謨屈林拉一書。⓫其言美髮王哈羅德。以兵力勘定那威、瑞典、丹麥三國也。曰征服群雄。而定之賦稅、傜役、統馭三章之約。今不佞取是三者而分疏之。其於拂特之制。庶幾有明。

(甲)**賦稅**　彊之所以陵弱。眾之所以暴寡。人必為奴隸。我必為帝王者。求富其第一義也。是故戰勝之家。莫不責降人之賦稅。史家或謂太古之相攻。以蠻夷天性。樂於戰鬬之故。此其說亦間有然者。如紐芝蘭島。五十年以往之種人。瑪若理思視戰鬬激昂。為天下之至樂。雖無所得。而即事可欣。顧以常道言。古今鄰國交爭。或起於憤讐。或由於侵奪。而侵奪實憤讐之媒。蓋夷狄多貪故也。然而貪矣。或以目前之小得而厭足。此如古北部懷金種人⑫是已。或長計遠覽。以求挹注於無窮。爾乃籍其土地而守之。以責其地之民出常賦。此其大較也。⑬夫謂古之梟雄。暴戾恣睢。無年月之慮。此其說固也。而長民制眾。操萬億殺生之柄而臣妾之。亦其心所甚樂者。而謂養民扶世。治人者乃求有以利所治之人。則初民之王。其能達此義者寡矣。觀東方回部之事。若十六世紀印度之阿格巴。與往者之回紇、契丹、蒙兀。乃至今世波斯、突厥之所為。其長征遠馭。羈縻鄰種者。所為無他。獨索歲輸已耳。史家鈸丹包爾言。其始制乃坐收田畝之收穫。而蒙兀坐收旁部。乃至三分取一之多。至於歐洲諸國。征服較難。勝家不敢逞無厭之欲。故新主所責諸民者。皆舊納種酋之租賦。與其歲供貢獻之財。或籍故酋之食采公田。轉以給賃佃農。而收其貢助。乃至林藪山澤禽獸卄產之利。皆沿舊制而收之。此吾英前事盡如此矣。其有行社工商。欲長享特別專端之利者。則與為盟約。而歲輸定賦於王府。總之歐西諸國。與亞洲之民性絕殊。以其懻忮難馴。故其取之也有節。又必有可假之名稱。亞洲之民柔良。故其取之也。惟其上之所欲。往往厲民之甚。為化國所不聞者也。

(乙)**徭役**　彼戰勝拓土之家。不僅收其賦稅已也。將又有軍旅捍衛之事。則於民之徭役。不可緩矣。夫軍旅。彼新王固自有相從之舊部。然尚有隨時之徵發。則為置武功之爵賞。令其民之勇鋭健捷者。皆心豔而樂出於行間。且此言其行而戰者耳。更有其居而守者。乃所以鎮反側。備非常也。故徵發之制。凡民義不得避金革。有呼於門。執兵以往。而其壯者當前行為乘守。其老與弱。則有城壘橋梁道路之土功。欲人知執干戈以衛國土。為至榮之業也。故籍必先貴冑良家子。而賤業左道之民。不得廁於其列。然而是不得廁其列者。又非但已也。必重租稅以困辱之。自其法行。於是乎後世有雇役。與出財輸軍之制。往往數世以往。其令又變。徵發之制復焉。而輸軍之財如故。

(丙)**統馭**　欲前者甲乙二令之必行。而新服之民。莫之或梗。是非統馭制得。固不能也。且以古道里之茀。驛置之不精。雖有中央政府。其勢常不足以棣通周徧。此眾建小侯。其制蓋出於不得已。或置其所親。或因於其故。凡以輔共主治此民也。自王而言之。諸侯皆臣僕也。自士庶而言之。則列辟也。王所各界之以分治之主權者。所以行甲乙之二令也。是之主權。自邦君與其民視之。一若循宗法之所舊有者。而自王朝言。則受命於新主而後有者也。以王朝之威靈。而後統馭之柄尊焉者也。使王朝久建而不傾。所因其故而立之種酋。將以漸而盡去。續有封命。以承其乏。黜陟削除。懸於共主。於是新朝磐石之勢以成。亦有地居僻遠。舊酋之勢足以自立。則號為王化之所不及。而成拂特時代之土司。此其大經也。

拂特諸侯所對於王朝之責任。不止為責甲乙二令已也。又必保其一方境內之治安。夫社會所貴於有君者。其最重之義。在於保民性命財產。而眾強不得侵陵寡弱也。當夫宗法種人之世。民之所恃而無恐者。即以有種人故。有族姓故。有鄉法故。有行社故。凡此皆以族類。聚而相保者也。顧其所以相保者。不外挾有眾之勢力。以報復讎冤。有若血鬬之事。此於群道之所以治安未足也。乃今國家社會。則有君相矣。有朝廷矣。則為民設有司焉。而禁其寇賊姦宄之行。不使震驚朕師。既眾建小侯以為朝廷之代表矣。而詰奸保良之事。又有王國之士師。巡方之督捕。則今日警察之政之胚胎也。以欲保王人之安。而逆制其下之抗命也。乃為設拒捕戕官之專律。置加等之刑。如戕王宮。法加平民三等。後又云有敢舉手抗其羅德者。其刑加等同之。皆此志矣。夫得一國土。而眾建藩屏。乃使之成賦徵兵。而又予之以統馭相臨之威柄。是小侯者。於其封域。則固儼然君也。蓋海謨典言之義如此。

雖然。是猶古之國家社會。而非今之國家社會也。有胥匡之元后。有奉職之群臣。而又有分土之侯伯。收田疇之租賦。寄軍政於繇徒。絲屬繩聯。若臂使指。此為草昧經綸。亦足以立一王之制矣。古東方王國。若阿敘利亞、埃及、印度。莫不如此。使其民馴服柔良。樂因循。薄進取。則常有數百年之國祚。而府庫積聚。山海無窮。然而非可久之治也。而尤非可大之規。至於末流。往往腐敗。一夫作難。大命以隳。若夫所治之民。天資強鷙。若吾歐洲。斯其法愈不可久。惟能法天道之演進。而時有與民更始者。其國命乃相引而彌長。其民生亦滋大而禔福。是所謂演進者何耶。則繼今而一一之。

附註

❶ 其權利為何等，詳於後諸篇。

❷ 晉宋間，東峨特王率師侵羅馬，即位於義大利，號文武明聖。

❸ 西晉時，西峨特王侵希臘羅馬者。

❹ 唐時，英七部之一，王西撒遜地，戰伏諸部，為所推立之共主。

❺ 按近世崛起齊民之中，而操國柄者，英有克倫摩爾，法有拿破侖，皆有傳業子孫之意。

❻ 王者嗣位必受教皇以神膏沃其首，為之加冠，此大禮也。

❼ 按俄羅斯奉希臘宗之景教，故其札爾亦稱教皇也。

❽ 按唐人有言，不經鳳閣鸞臺，何名為勅，此亦幾於必咨之義者矣。

❾ 東譯革命。

❿ 謹按　國朝入關制度多沿其舊，即所旁服諸國，如蒙古、朝鮮、暹羅、交趾、西藏、準噶爾等，皆未嘗大變其俗也。

⓫ 按海蹼屈林拉譯言，世界法輪乃泰西極古史書，北宋時，愛西蘭人所著，紀述北種之事，自太古至千一百七十七年。

⓬ 於唐五代間，驛騷北海諸部，猶晉宋之孫恩盧循，明代之薩峒馬倭寇。

⓭ 按此皆往事，若今者之奪人土地，則有鑛產、森林、通商、殖民諸大利，不僅此區區者矣。

產業法制分 第十

今夫文明社會。其中所制立者。亦多矣。顧其關於民生最重者。莫若產業。而古今言治之家。其持論之紛。亦無過於產業。欲吾言之有物。則不得以意為之辭。必考諸歷史。跡人事之已然。而指其實。此非一先生之學說。所得為是非也。而憤好訴厭之情。舉不得以為用。則亦著其事實而已矣。

產業界說 為論自知物始。夫產業果何物耶。無取深文奧義。乃為之的切分明之界說。曰。產業者。生人一己或一眾所有之權利也。物有美利。而為一己或一眾之所永保用享者。皆產業也。

權利釋義 雖然。產業之界說如是。而其中所標舉之名物。尚有待於剖析。而後曉然。見的切而無以易者。則如所謂權利者。又何物耶。曰。權利民直也。其有之者。為人情之所共許者也。假吾出財以購一書。置一田。其授受也。靡所隱匿欺飾。則是書是田。從此為吾之所有。為吾之所用享。固人情之所共許。而莫以為非。太古之時。是共許者。乃著之於一時之國俗。然尚渾而未晳也。至於後世。乃犁然有法典之可循。有質劑之可據。而國家官司。有為民責守之天職矣。雖有時一權利之施行。為群情之所不附。則或以事勢。見施行之不宜。或世異境遷。而群情以異。顧言其大理。則權利予奪。終以人情之然否為之基。其所謂人情者。見於今可也。見於古亦可也。

惟人有產　界說又謂。產業者。生人之所有。此其義何居。蓋物有為之置積。則產業興。而置積之事。禽獸間有為之。觀夫狗之瘞骨。猿之竊果。蟻之屯糧。其能置積。殆無疑義。然人不曰是猿狗與蟻。為有產業者。無眾情之向背故也。夫犬死葬之以蓋。馬死葬之以帷。耕牛橐駝。凡於其主有勞勩者。義得有豆芻之奉。故古語曰。導穀之性。勿箝其口。然此可以為德意之報酬。而不可以為法律之應得。即可以為應得。必不可以為權利。主人相時之宜。於己有利。則絕其豆芻。殺其軀命。此固人人所行之而不疑。為之而無罰者也。故曰產業權利。惟人有之。嗚呼。奴隸法不得有產業。是故奴隸雖人。於法同禽獸也。

凡產皆私　界說又謂。產業為一己一眾之所有者。於義云何。蓋產業之義。即起於私。而成於私。為一己可。為一眾可。而產業之主人。其數必有畛。而非無垠。西文產業曰普羅勃諦。其名本義。即曰專有。世俗有公產之稱。此於辭義。精而言之。乃自矛盾。何則。產而曰公。此無異言其物非任何人所得私。非任何人所得私。即非任何人所得享。然則公產為言。猶無產矣。故吾英法律之文。凡一物為甚眾人之所同有者。例用他名。不稱普羅勃諦。如大不列顛為英眾國土是已。假其不然。將無異言吾國之民。不得私尺寸之土。此非事實。雖三尺童子知之矣。❶

產常有形　其所以云物有美利者。蓋必有形之物。而後其美利為可專也。今世言文物者。固亦有意念產業之名。夫一策一謀。若一新理方術。為其人所首發。其在文明諸國。亦得擁其美利而有之。此如著譯版權。制作專利。諸物是已。雖然。其事亦必託寓於有形之物。而後可據。使無形質。則其物無從保持。無從保持。即非產業。夫意想觀念。理由發衷。當甲得之。乙或同有。雷同起於不期。而不必皆為剿說。且形上之物。無方體。無起訖。無方體無起訖之物。欲為一人一眾之所獨主。難已。

產業為完全權利　界說又曰。為其所永保用享者。此又何義耶。曰。使有物而為其人之產業。則必盡其能出之美利。或顯或隱。或已然。或將然。皆為其人之所獨有者。而後合於此稱也。此義向為詮產業者所最難明。故即為考論產業真相之扃鑰。而近世法學。稱產業者。乃完全籠統之權利也。何以明之。譬如吾借他人之馬乘之。以由柏林以往巴黎。不曰所乘者吾產業也。就令乘之竟歲。亦不曰此畜為吾有也。吾得視此馬為吾有。必俟吾於此畜。可騎可驅。可耕可磨。可賃可贈。可殺可生。惟吾之所欲為。皆人情之所謂然。而莫有議吾後者。夫而後是馬為吾所永保而用享。可以適吾事。可以娛吾情。而是馬乃為吾之產業。物固有易主時。乃當未然。其權利固完全而無玷也。吾歐自奴婢制廢以還。律禁以人為產業。雖然。人之於人。特無此完全無缺之權利耳。若其特別權利。則時有之。此若主人之於雇僕。丈夫之於其妻。是於其人之身。固有特別主權者也。以上五節。皆詮產業之名義。必明乎此五。乃識產業為何物。名之不可以苟有如是者。

產業為近世思想　言產業而涵右種種諸義者。此惟社會演進。文物聲明如今世者。而後為然。方古之時。不能如是之縝密也。夫以近世之思想。律古代之名言。謂古無異於今所云者。此自學者過耳。言有一矢口而即知其非者。譬如有人。問某某產業。當上古時。誰為之主。不知所當問者。乃太古之世。有所謂產業者否。或某物於古。有主人否。必先了此。而後可以更議其餘。

使學者而疑吾言乎。則不佞請證以晚今之一事。庶幾不以鄙言為遠於事情也。則有如今日之瀛海。荒荒漭漭。是真莫據之以為產業者矣。雖然。何以故。蓋其今日之利用。不過為舟船交通。轉輸人貨已耳。且其界域廣遠。足以容萬國艫舳。無幾微藺咽之足憂。故分據各私之說無由起。而瀛海產業之問題不興也。雖然。此時今日事耳。他日者或分據各私。畫疆界而指為產業。非意外之事也。且吾黨能預計其所由起而略言之。海線之設。日以益多。各國裨海之漁。所出者日益不贍。果爾。則所謂列強者。有不區海宇而各守之。以為國域者乎。且其事不止此。夫海既區之以為國域矣。則巨浸將降同於土壤。而分據之。如南晦然。以各收其所登之地利。嗟乎。此何必期諸後世。而以為將然。其兆眹端倪。即今已皆見矣。不然。則公法之所謂界水者。何以稱焉。瀕國之海。定其距數。凡界以內之漁利停泊。然礮沈雷。與夫海軍之會演。皆有主權。而非儘人得為者也。

是故言產業之天演。常有一事為之樞機。則民智之淺深是已。產業所被之廣狹。視民智為消長者也。今夫天地自然之美利。其在太古。猶今日也。顧其能收之以自裨者。視能盡物之性否耳。苟致吾之知。而物盡其性。則凡可以厚吾生者。未有不欲私之以為吾有者也。故欲明產業之天演。當先明民智之進步。欲明民智之進步。又當知古今社會所處之地勢。蓋地勢得。而後自然之美利。常呈於耳目之間。而民之心知。乃以漸啟。

太古產業　太古之民。畋漁而鮮食。其所資於物之為用。至寥寥也。所馳騁縱獵之山澤。所以居之廬幕巢穴。所以捕獲禽獸之羅畢罟擭弓戈。至矣。地有畛域。使獵其中者彌多。將其所以待獵者彌少。此初民之智之所及也。故保其林藪。而惡他族之闖入也。常殷殷然。巢穴之所託。廬帳之所張。必擇其善水草者。是亦性命之所繫也。故常虞於見奪。讀探險家之遊紀。其述蠻夷社會也。往往詳其器用。著其服習。若夫其群產業之思想。人我之分殊。常默然不一二道。顧吾今試為之懸揣。則謂蠻夷產業之意。起於所常操之罔罟弓戈。或不大謬也。❷前謂初民人我之分。猶稚子然。不問其所由來。而重其所習用。且主家有修飭拂瑩之功。其於非主。有便習扞格之不同。凡此皆足以定器之誰屬者矣。總之產業之義。由物之有主。有主起於各私。各私定於常用。是故蠻夷所捕得之禽獸。為同類所可分。而器所常操。則必分其彼我。❸此蠻夷一己所保用之產業也。乃若一眾之所共用者。則有若宗教鬼神所用之禮器。冠帶羽旄。俎豆祭玉。皆其品矣。雖然。是之為別。不若一己所得私者。故產業濫觴。終在兵器也。

初民之土地　初民非不知土地之可寶也。特其為意。淺而不深。缺而不完。欲識初民以何者為地利。可即近世蠻夷之俗觀之。北美種人。於其所居之壤。不禁行旅之往來也。不禁牛羊之縱牧也。不禁稼穡之播穫也。甚至造宮築室而居之。亦非所甚惡者。但使居其壤者。勿驚其狐兔。勿張陷阱罟擭。而機毒矢於其間。則皆優容而不忌。彼土人之視其地固己有也。亦艴然不願他種之或侵。然彼不以其國土為其眾之產業。而所獨私者也。

嚴復曰。右之所言。吾未敢盡信之以為事實也。蓋種有強弱之分。使積威約漸。則強種之所為。苟未至於即奪其所為生。將皆為弱者之所容忍。何則。彼知爭之無益。而所喪將滋深也。而強者不自知。則指之以為特別之民性。而孰知其叩心飲泣。銜恨次骨髓。方之常民。且有過也。泰西之民。商於吾土。莫不盛稱華民之商德。嘗謂在西國所契約而不可恃者。於吾民以一諾而有餘。期至負清。未嘗稍後。某國巨商。將歸。對其眾言。旅華二十年。年之交易。以巨萬計。然未嘗有角尖之逋。華人之信如此。無識淺人。且傳誦其說。以自矜詫。而不佞聞之。則惟酸鼻而已。凡此皆觀物之變。而不知己之人差者也。粤國自損之言。固不必深揚搉爾。嗚呼。

游牧種人之所有　由畋獵之眾。進演而為遊牧種人。而產業最粗之義見。生事取給於牛羊。身與所牧之群。幾無一頃之離析。仰食於群之意。日以益深。毛革湩酪。皆所以深此意者也。當此之時。民之所有。存於牲畜。而各私所有之局形焉。然種人之私為產業者。不僅牲畜已也。妻子奴婢。

亦產業也。蓋其畜之也。不必緣於親愛。實欲保其力役。❹每觀古代律文。凡言牲畜。例兼妻子奴婢。故妻子奴婢。於牛羊犬馬。區為二稱。乃演進判分。後起之義。非其始之本如是也。大抵產於其家者。皆為產業。瑞典舊律。民訟牛羊為他人所盜。必廷證此牛與羊。乳於其閑。飼於其圈。以見其物為主人所產且畜者。他人法不得奪也。自種人散而為族。族法析而為家。向者禽獲眾共之俗漸廢。而其人親所俘虜者。得據之以為一己之私。逮最後社會。乃有交易購置之事。於是其人所持粟出財。相易而有者。得視為己私。雖然。考諸古籍。即在文字既興之後。是徒以易而有者。往往為其眾之所疑。而於牛羊尤甚。使其家牢圈之中。忽有不常見之牲畜。輒蒙盜竊惡名。莫由自解。是以古人交易。必在日中之市。為其事於群耳眾目之間。即今吾英法典。亦重當市之售沽。為民群得物最正之道。猶行古之義也。

產業思想之階級　乃今總前議而覈之。則見社會中產業之理想。循其演進。有可表之階級如左。

一所習用者。❺

二所生產者。❻

三所鹵獲者。❼

四所易得者。

耕稼之產業 戶口日蕃。漁獵牧畜不足於養。於是有耕稼。耕稼者。社會天演之大波也。民由是始地著。土地產業之制。乃以日繁。而政教從之而變。遊牧者之視其土宇也。大較與畋獵之民同科。其於地利也。以為坰埫而已。其排外而惡異族之偪。自於獵者為深。以馴畜之易盜。過於在野之禽獸故也。且地以為牧。其界限方所。視以為獵者亦加明晰。雖然。其事止此。牧者於地。既無各私之權利。而馳驅訛寢之場。亦無取於正經界。而畫疆索。獨至耕稼之民。其視地也。乃大異此。火耕水耨。浚畎加犁。而歲為之糞溉。凡此手足胼胝之烈。皆於其地為有功。而與其未治者絕殊。彼率一家一族之田畯婦子。而致此勤劬者。其不願他人之享其成績。抑已輕去其鄉。舍已治之良田。而即未耕之墝埆。又明矣。是以經耕之地。常為族姓之所私。分授其眾而耕之。洎歷年所。乃疇田易耕。以均腴瘠。繼乃家有其田。而分疇事廢。最後乃成於今制。各為田主。富者連阡越陌。而貧者無立錐。

近世田產 雖然。以擬近世人民所置田畮之產業。其差猶甚遠也。前之所言。不過以有畛之地。屬之一夫。歲為耕播收穫。逮其人身死。則傳其地於其子若孫。盡矣。乃今世文物之國。若歐西諸邦。其於所主之田產。主權之伸。所得為者。又進於是也。

古田法之拘　古農之於其田也。雖為己之所有。而田法則所受於其先。而不可不守者也。是故地之名田者常為田。稼穡而外。不容有事。其自遊牧而轉為農也。廬幕之居。變為土室。數畝之宅。近在邑里。妻孥雞犬。聚於其宮。宮之外則周以為園。謂之拓弗特。園之餘為場圃。謂之噶羅弗特。以供雜藝與家畜也。彼於其地不僅必耕且穫也。且必耕且穫之以定法與定時。設彼不為眾之所為。則偭規矩。斁彝倫。而得罪於鄉社矣。使彼於所分之地。不耕而為牧。則敗人之禾稼矣。使彼而為之新畬。則背其先而慮勝其祖考矣。是故農民田法之爭。乃歷史所屢書而猶未已者。自羅馬貴族編戶。二黨國田之爭。至今澳洲羊牧客農。所憤憤狺狺。皆為此耳。

田不易主　古農民之田宅。名已有矣。則雖欲去其鄉。其所有者。不可以鬻。中古鄉社。禁約至嚴。不容異族羼於其間。即不然。亦必鄉社之眾。公仞而後可。故其田宅。既無外人之可售。而本鄉之眾。知如是之田宅。可無出費而得也。則無有具貲購其所欲棄者矣。

國家為政　然而群演既蒸。食貨之局代變。國家之權力日恢。於是國民產業。乃漸成於今日之末制。考其為政。厥有二端。成地主之制一也。散鄉社之局二也。

一成地主之制　海謨典言。見新王立國。凡所以衆建小侯者。為賦稅徭役統馭三章之法而已。此雖廣樹藩屏。以為王國苞桑之勢。而謂彼新王。以己力所經營。所櫛風沐雨而得者。畀其代表之人。為世守之產業。帶河礪山。爰及苗裔。此其用意殆不其然。假如今日英朝。除一監榷之官於理物浦。抑置一節督於舍爾黎。其非使彼據二地為產業。亦明矣。即古詔令之文辭而觀之。知王朝所勅予者。乃統治之權。而非土田之產業也。

成於世守　然而錫土胙茅。彼封建之君。固明明視其國為所食之采地。則又何耶。曰此皆後起。而成於事勢之不得已者也。彼為分土諸侯。而作王朝之代表者。大抵皆種人之舊長。或非舊長。而有同時並建之舊長。權利得以相方。夫種人之長。固傳統世及者也。彼既仍其舊而立之矣。則舊制之世及。轉而為新封者之世及。是故宗法之統。沿而為拂特之統。且本推己及人之義。天王之業。既不廢於子孫。彼翊戴者。亦得緣親親之恩。以王朝為比例。此誠勢必至而理固然者。是故土地世守者。為封建社會之特色。因其世守。而產業之義。乃相附而俱生。此諸侯各私其土之原因一也。

實於租稅　彼於王朝。固有常供歲輸。或貢方物。以著其為臣屬代表之實。常供歲輸不至。則王朝固得以變置之。然使政理清平。是所供者。常有定額而為數輕。以其輕而易供也。故久而漸忘其本制。是以數傳之後。是代表者。乃儼然目其地為己有。而於向所受封之王朝。不過有一定歲輸已耳。此諸侯各私其土之原因二也。

富於羸餘　夫為王朝之代表。雖名諸侯。其始猶近世之守宰耳。為守宰而為王國責賦稅於其民。凡歲輸之外而有餘。則皆彼之獲也。夫優官司之廩祿。而所取於下者。則盡其實以歸公家。此後世改良之制度。且至於今。雖在文明之國。有不能盡變其舊而實行者。矧在上古。上古國家之於賦稅也。常於開國之始。通王朝之歲費。為定額以分賦於群侯。使取於下而羸。則闊節疏目。聽其私為己利。故拂特諸侯。其取於民也。大抵無藝。且自彼之得私其地之所出以為己有也。則視國為產業。有固然者。此諸侯各私其土之原因三也。

終於今制　且學者所宜勿忘者。古征賦之所從出。舍田疇穡事。幾無他途之可言也。然則賦之多寡。視國土之大小與肥瘠耳。故拂特之群侯。其徵諸庶民也。以所占之地畝廣輪。為之要素。以地畝廣輪為要素矣。則由此將有二果生焉。世益降。民益眾。地益珍。是二果者。乃愈益著。夫二果何耶。一曰調佃。一曰墾荒。調佃者。驅其輸少。畀其輸多者也。墾荒者。盡封內之地。招集流亡。使莫不闢也。凡此皆拂特侯伯。為王朝代表者之所指揮。自其有指揮之實權。乃愈自居為其地之主人。而民亦謂地為彼之所有。此諸侯各私其土之原因四也。總此四因。於是昔始封建也。國家之於群公。不過曰為我收租賦。謹徵發。保治安而已。乃今其子若孫。則居然為之地主。後之地主。與前之地主大異者也。前之所謂地主者。受國疆寄。主其地之治者也。後之所謂地主者。以所寄者為己有。以其地為己之產業。而主其地之治者也。❽

拂特之末流　此其事自淺人觀之。將以謂拂特之制。方之宗法之制。特名異而實則同。以拂特之群侯為田主。以分地之編戶為佃農。以歲輸之國賦為田租。此非實同而名異者耶。雖然。特未之思耳。思則其說之大謬見矣。蓋自彼而言之。一若土田之貴賤。歷永世而莫不同者。不知自國戶口之日增。地之為用。日以益貴。此天下歷史之所同也。何則。地之為供有限。而民之求者無窮也。然而地則日貴矣。試問其收此日貴之利。享坐大之福者誰歟。使客而略知代數術。吾將假簡號以明吾說何如。則以天為十三世紀每歲所可收之用利。甲為國家所征之賦額。乙為田主所私贏之田租。而丙為耕農之所實得者。如是則甲乙丙三者之和。為與天等。即甲⊥乙⊥丙＝天。乃由是而越六百稔。是地之所歲收。或五倍於十三世紀之所收而猶未已。蓋農術之益精。或其下有美鑛。地不愛寶。世載其英。或以市廛之廣興。或以神瀵之發越。凡此皆為其地增至優之值者也。然而值則進矣。而得之者誰乎。曰惟地主。是地主者。非真地主也。以拂特之建於其地。而治其地者。遂以所治為產業焉。或曰地主耳。此封建之國之所大同也。且自其常者而言之。彼所以歲輸王朝者。不以地利之進而加多也。而力田之農。則以田實之優。而增其租入者。率什八九也。然則食於地者三等。上者之國家。下者之農佃。於地利之進率。舉無所利焉。而享坐大之厚實者。惟中間之地主。封殖之厚。常至不可殫論。其國演進疾者。得利尤無算也。今夫德厚者流光。功高者報美。彼拂特之群侯。所收於社會者。崇優如此。乃考其前事。要不外攀鱗附翼。助一姓之興矣。已乃為之權吏。為之徒長。為之督姦。終之以此乃為其地之主人。子孫生貴。為億兆元元之所待命。凡一群之進退苦樂視之。嗚呼。是無乃本末不相稱者耶。且拂特之末流。其於農業既如此矣。而其於工商之業。又何如乎。當古之時。地主之勢重。於工商不大見也。以其有待於地。非逕接故。然而市租城摧。名為保護而立者。至於今猶有存。特所以婪索之者。因緣差少耳。自拂特制興以來。工商之業。與農俱進者也。一廛之出賃。昔之十者。乃今而千。彼名為其地之主人者。其所收之富有。亦可想見已。

二散鄉社之局　雖然。考土地產業之成於今制。使但即拂特封建而求之。

則又為詖辭。而誤於一偏之蔽。蓋錫封奠爵。世家之基。所主之田。動逾千頃。產業之大者也。然而地之有主者。古及今不皆大也。而亦有其小小者焉。則非前說所得蒙者矣。

方宗法社會之由遊牧而趨耕稼也。鄉社之編民。皆有田者也。但使其人為種人之子姓。制節謹度。循其宗之禮俗。納貢賦無奪期。則固足以世守其先業。非他人所得驅之使他徙也。其所以為其地之主人者僅如此。顧有二事焉。在今世田主所視為至常。而在當日。則欲為之而必不可者。一曰田產之自繇也。此如主者以田別售。或以贈遺。一曰作治農業之自繇也。此如浚瀹糞溉。用其新法。或不為田。而以其地為他圖。是二者。自後世言之。非得為者。其主權為不完備。而古之社會不然。故不佞考此二者之所以成如今。則鄉社制散之事。可不煩言解矣。

(甲)**措置田產自繇之原因**　夫國家社會之制度。大抵皆與宗法之故衝突者也。故鄉社之結合。常為王朝所疑忌。此渙其群者。所以稱元吉也。蓋軍國之朝。其於國人。常樂交其小己。而心害其為合群。故其遇待鄉社也。寧取徑於其代表之羅德。而不肯下交於族人。彼霸者之心。皆謂使鄉社之局彌固。則吾之權力。將彌以不張。故考前古法典。王於鄉社報讎取直等事。皆不許自專。而所力行者。王朝有許人占籍之特權。非鄉社所得抗拒。此其事於草萊新闢國土。固亦無難。蓋未墾之田猶多。而一鄉之鄙。大抵皆荒地也。然其事為當日宗法之民之所深惡。無異今人一家之中。忽來官許之寄客。安知來者之非盜賊奸人。或為王家之偵伺者。其人行事。動或波及於一鄉。而其耕鑿之方。或用左道異術。而不循古法。凡此皆鄉社之所大不願者矣。然而新王之威力。常足達其主義而有餘。雖鄉之人重足側目。所不遑恤矣。

族田披散 尚有進者。則國家新制。許人得以其田售之外人新主也。稽之舊籍。知鄉社之內。常有購置并兼之家。每以一人收連阡越陌之田。以為大姓。此吾歐中葉。所以有緜氓一等之民。❾勢力甚大。而自成風氣。然以地出售外人。本於古法為厲禁。中經累世之爭。而其禁乃漸弛。而事有無可疑者。則教會於時。實助國家以破壞鄉族舊法者。教會於鄉。本有什一之利。名曰太德。又有捐捨檀施之事。歲附益之。故逮後葉。其所主之田至多。又傳產遺令之法。此其事即不創於教宗。實緣教宗而成俗者。苟識其用。此其破散宗法。分披鄉社之局者。方之他端為尤勁矣。最後國律。許人收執田業。以抵逋負。由是宗田愈不克存。而鄉社之散無日。舊制一民敗行。宗族之長。常與當之。而其時所謂逋負。亦大抵蒙血鍰之罰而弗克償者。其法。罪人則以身抵罪。而其田則歸於宗。故不得去也。洎夫國家之制。則以田償逋。其身脫有餘辜。乃以歸國。此其法。若正與種族之舊法相背馳。然行之既久。一鄉之壟。勢必不得主之以一宗一社之人。古制漸隳。而交易之路遂廣。雖然。此非一朝一夕之變也。用新制於宗法社會之末流。固不得與民情過忤。而必使之和而安。則前之所言。雖數百千年之所用事可也。而自國家言之。則固以籍償田產。為破壞鄉法之成事俎矣。

(乙)作治農業自繇之原因　鄉社之局之解散。自形質而言之。莫若作治農業之自繇。而作治農業之自繇。自變平疇之制為圍田始。此亦歐洲一大世變也。蓋平疇錯壟。耕者所受之地。華離區脫於大野之中。此其勢固不得以獨異。則不能不與眾為同。故平疇錯壟者。古鄉田之幹素也。雖更始分疇之法。久廢不行。而農者於作治之事。欲獨行其意不可得。一家所耕之田。例分五六十町。雜出散處於他人所耕之中。是欲本其新知。行試驗之事。其勢不能。必勉循其鄉之所習慣常行者而後可。至於中葉。歐洲田法之議大興。甚或傳播詩謳。以歌詠其田功之勤苦。當此時吾英所聚訟者。正所謂通耕各耕之田法也。通耕者。因循舊制為平疇。各耕者。所受畝數。合為一區。為之堤塍樊圩。以表界域。夫各耕之利。固不待煩辭而見者。蓋惟各耕。而後農之巧拙勤惰分。精田術者。得任意為試驗。又使其地牧利過農。可轉稼穡而為芻牧。有就近指揮之便。而賃傭費省。總此數利。而又當人心厭古求進之時。故各耕之議遂行。而野俗為之大變。且不止其俗也。莊田景物。所以成於今日之形。為詞人所詠歌。畫工所描寫。胥由以興。是田法之變。不徒關於食貨民生已也。美術之進。舉利賴之矣。方其未為圍田而通耕也。一夫之地。散而不收。及其既為圍田而各耕也。地總一區。而各事其所事。然而自此法行。鄉社之局。乃更破壞。其土地乃為民所各私。蓋其始凡為農之所交涉者。不獨拂特之地主也。一鄉之眾。皆足以拘牽之。乃今圍田各耕。雖地主仍存。身為之佃。而一鄉之餘農。無得以相督覵也。且由是彼中富者。乃棄其鄉社之故居。而別營所居之宮於新壟。富者時去。貧者常留。天演判分。因而愈見。力作之佃。轉為賃雇之傭。不收分產之利。地之所出。乃愈為富者之所專。傭者去其地著之舊矣。其有一二遺留。存古鄉社之制者。乃在荒陋鄙遠之區。顧此以戶口降蕃。亦歲加闢而日盡也。蓋一變之後。其效如此。總之古之田法。以族姓鄉社為厶匿者也。今之田法。以一民小己為厶匿者也。以小己為厶匿。故人得以自繇。而其土田為真產業。

總此篇之所言。讀者得無嫌其說為冗長。而其語雖繁。於其事且有未晰者乎。雖然無惑。此其為物固難明也。使學者究社會之終始。而欲知產業天演之所由然。雖有高明之家。當不敢以其說為易易也。則於不佞何訾焉。顧其中有二大義。使不佞於此而能明。則所得亦可以自多。蓋一以見社會產業法制。非人力一曙所能為。如華嚴樓閣。彈指湧見。故能以一席之語。盡其致也。將其物有無數因果之相生。而其見於歷史者。皆為之緣起。往嘗言產業之義。生於四事。乃今見四者之外尚有三物。曰主守。曰贏息。曰一切財貨之進步。凡此皆產業一果之用事因也。二以見社會產業之演進。雖本於天時地利。自然之因。而其變於人事也乃尤眾。人事莫大於國家之法度。故國家法度。為產業演進中之最大因。

附註

❶ 按此說，自以普羅勃諦本義，故公產之名，如前說所言，於西語有不可通，若中文之稱產業，則辭義違反，不如是之已甚也。

❷ 按復前謂古人產業思想，可於有字見之，生人所重莫若養生，此手中持肉，所以為產業，最初之義也。

❸ 按此說與有字之義，固不害兩存，蓋禽獲雖其眾所得分，而將割分持之時，則固各私之物也。〇又前說於中國六書，又得確證如羨字，从次羊而盜字，从次皿次涎也，同為歆豔欲得之心。顧何以於羊，則無傷於皿，則為賊耶，此可見古人彼我之分，先見於器用也。

❹ 昨天津某報載，大順廣巡道示，禁民間娶婦不得過早，男以十六，女以十四為年格，因燕趙鄉俗以田畝力役需人，常為稚男聘娶壯婦，以居室之不相得，則往往有寄猳逃嫁之事，而謀殺本夫之案，鄉而有之，故為示禁。如此，是亦娶婦，取其力役之一證也。

❺ 按此正中文業字之義。

❻ 按此則產字之義。

❼ 原注此有疑義〇按劫奪為物之主人，是為人道之變，非經法常道也，顧其為用，則自太古蠻夷以至今世，自國家以至人民，未嘗絕也。然其事終非經法不當，列於演進階級之中，演進階級法應平列其三，而以此條為變例緯於三者之間。

❽ 按讀此，乃悟商鞅、李斯其造福於中國之無窮也，使封建而不破壞，將中國之末流，亦如是而已矣，抗懷三代之治者，其知之。

❾ 按綠氓猶言，中戶下於貴族，而主田業歲出四十先令之賦，於地方選舉有出占之權。

國家之刑法權分第十一（亦稱法權）

吾人以習慣之故。遂若明刑行法。為國家固有之權。不知其制與他端等。皆社會天演漸成之果。非太始而然者也。如吾英今日之讞鞫決獄。皆稱君后施行。君后者。國家之元首也。然而古不如是。是可考而知者。

初民思想　前言刑罰最初之義。主於報讎復怨。血鬬者。所以報復之塗術也。夫讎怨存於私家。故血鬬者。乃私家之所行。至於得罪所居之群。而為有眾所共疾。則社會以其公罪。固足以屏逐放流之。此罪有公私之起點也。

血鬬無已。所傷實多。欲免其殘。乃立血鍰之罰。此取罪人之財。以為報復者也。蠻夷所犯。大抵在殺。故其為復徑。而議罰之事。亦顯而易亭。浸假以群演之益深。於是乎民有產業之思想。有產業之思想。則盜竊之罪興。所盜所竊。皆有形之產業。故情得。則首議贖償。自然之勢也。此雖與血鍰情有輕重之差。而其法固可以一類。前謂古法典。於罰鍰最詳。某罪某數。列以為表。蓋其時之為法如此。

未有理官　當為蠻夷社會。乃至宗法社會之初。固未嘗有人執三尺法。責鍰贖之罰。不得不行也。考此時社會。固未有司法之理官。而所謂法典者。亦不過一時之社議。如東方之鄉約然。種人鬩牆。以相侵奪。宗之長老。邑之豪傑。居間排難。請怨家受鍰解仇。而鍰之多寡。有成例在。得以相比。不患後爭者也。假使所害怨深。或害者怙勢力不受罰。居間者固無如何。而必出於血鬭。此古之俗也。使吾黨生於今世。見吾英法官。苦勸塞奇維廉。❶以財與所殘之家以自贖。塞不聽。乃任兩曹持械相死。則倫敦一時報章。其議論何若。雖然。此其事在今人為可怪。而在當日社會。固所實行。灼無疑義。且其民未嘗稍以為非者也。

罪犯公私　罰鍰勢不可行於公犯。前所言者。皆私犯也。以是之故。條頓舊典。稱公犯為不貲之罪。謂其罪非貲財所得末減者。民犯不貲之罪者。全種舉族。眾怒群起。相與呼譟而逐之。是二者之不同。為後世孤理密。司域爾。二律之肇分。孤理密公犯也。不必人告發。為國家所可問者。司域爾私犯也。害之所及。本有專家。須待告訟。理官乃為讞獄亭法。以伸其枉者也。❷

報讎遺俗　太古之民。有受害於其鄰者。則私復之。是名報仇。報仇而義。雖殺人無罪也。欲其勿報仇。則必有賢豪長老。為之居間。使從其請。乃盟而解仇。非是不得解也。此其為俗。終宗法之世沿用之。直至社會轉為國家。猶不盡革。雖立刑憲。不能絕也。所最怪者。則古商賈行社所有之執抵權利。行於中葉。執抵權利者。假如有倫敦商。負白明罕商債。不以時還。設於時倫有他商。在白明罕者。則執其貨以抵前負。以其同行社故。此一俗也。又若訟獄。兩造相持不下。得請一鬭為決。雖或曲勝直敗。無後言也。此其事蓋沿於古之血鬭。乃至拂特制更。軍伍豪貴。猶相約私為之。俗之難革如此。此又一俗也。

國家法權　國家之制既立。其所首治者。即所謂不訾之罪犯。方社會之為宗法也。其於公罪。雖有呼譟驅逐之事。然即以其罪之公而非私。莫之誰何。故罪人常至於漏網。國家主治公罪者也。然而治之有不盡法者。蓋國家之制。基於軍政。以其生聚教訓之難。常不願失一民之用。故雖有罪。不必殺也。即使攻剽椎埋。武斷鄉曲。其人未必非壯士。為行間之所樂得者。是以瑞典舊律。有省復流人之條。省復流人者。其人罪應流殺之科。乃輕省之。使充尺籍為軍伍。而其於官吏也亦然。吾歐中葉。又有出律之法。為其時國家所常用者。假使其國有大盜。不能取伏其辜。則下其人出律之令。出律者。非律所不誅也。乃律所不保。不與同國。為人人所得誅。其產業貨財。則為王所有。是則由前法而演成者也。❸

擾害治安　法家謂國境治安者。王者之治安也。自此義立。而王之刑柄乃益尊。其所彈壓者乃愈廣。蓋軍政之國。四境之糾紛。民人之暴橫。固所深疾而必誅者。故著令曰。敢為亂者有刑。所謂為亂。即今英律師所指為擾害君后治安者是也。夫擾害治安者。凶於其國者也。凶於其國。故無所逃於國刑。其義與此近者。則有神庇之一事。此在古昔。亦所以禦兇虐止酷烈之法制也。假如有人。以無心誤失。而致人於死。恐所殺者之家之報復也。則奔走自匿於強有力者之家。而哀其主人之護庇。此其事略詳摩西舊約諸書。古殺人誤故之分自此始。故於法典。所關甚鉅。其在猶太。則神庇一事。惟國中教寺。乃得為之。中葉史書。謂之教會神庇。其時血鬬。得此而熄者。蓋十五六焉。顧以勢力有護言。則教會神庇。尚不及王者之治安。治安王者之神庇也。至今此俗。猶盛於波斯。往往有可笑者。蓋電線用於波斯。其國中人人有以電自達於王之權利。民之乞王神庇者。雖在數千里外。得以電自通。先付覆資。以待王命。人有為仇家所窘者。則奔赴最近官郵。電愬於王。未得覆。則守以待之。波斯凡事尚循舊章。王之覆音。常累日夜不可得。而電郵者。王者之廨署也。得於此託神庇焉。但處其中。斯以無害。每見波斯民三五蜷伏官郵中。其親串以時給飲食。仇家眈眈逐逐。在外環伺之。若貓之伺鼠。雖欲得甘心不可。此真行古之道者也。

擾害治安之推概　自擾害治安之說行。而豪暴殺奪之事。皆為孤理密公罪。而為國之所必誅。而自法家之舞文。則有非豪暴殺奪。而亦入公罪者。此孤理密之條所由日廣也。譬如盜竊。此其事不必皆挾兵行強者也。其所損在私家。固宜入於司域爾之私罪。顧執王朝之法者曰。是不然。夫盜竊無論贓之得不得。其事主皆可以執抵。執抵則必至於用武。用武則必擾害治安。故盜竊者公罪。而國家可不待告發而問者也。顧國家既問之。則有費。費之所餘。事主乃得以索償所失。特所餘常無多耳。然則盜竊與盜竊之比者。從此皆入於孤理密之公罪矣。

叛逆之條　夫國家之治。基於軍政者也。以力服人者也。以力服人者。惟恐人之不已服。故其於臣民也。最重服從之義。而無貳心。使有物焉誘之使貳。或沮其服從。此其為賊。害於邦本。故必待之以最重之刑。此所謂叛逆之條是已。合以上二者。是為三科。叛逆也。擾害治安也。與擾害治安之推概也。是為公罪。而勒為孤理密律。此吾歐所用。而古今大同小異者也。孤理密之事犯。國家雖莫告發。得徑問之。至於其餘為司域爾律。則必待有告發者。而後為持其平。此西律兩大宗之所由昉也。

拂特之理　歐洲訟獄之政。可分為三際。其始則一部長老。集於社樹下之所聽也。其終則王朝之理官。與陪審員之所聽也。然而由最初而成於今制。非驟變也。而有其嬗接者焉。則拂特之理是已。自宗法社會。而轉為王者之封圻。而小侯有統馭之職。受命王朝。以主一方之治。且其人又多種族鄉社之舊長。故自其上言。則為國家之代表。自其下言。又為其種人之大宗。合新舊之制於其一身。故於其民。常不待威而服。是以拂特之理。最為中古社會之所歸。久之其勢力幾與王朝之理抗也。且彼為拂特之諸侯。固常有兵力以為之輔。故於血鬬之俗。其革之也無難。民有所爭。則赴愬於其理。廷讞之餘。使不得為之排解。則聽決於一鬨。然必為設甚繁之儀文。至嚴之矩矱。特以彼為之宗子。故有率眾之特權。為民信所素孚。而不疑其厲己。此其勢力之所以重於當日之社會也。吾英古諺有云。英民之獄。毗爾聽之。❹俗謂此即指平民助理之制。此似是實非之說也。蓋助理之制。興自王朝。為當日民所最不喜之新政。故此所謂毗爾者。乃指其同種族非外人而已。此其語實拂特種人反抗王朝之左證也。考此時凡民之司域爾私罪。皆拂特之理所主持。乃至孤理密公罪。亦有代王朝行法者。史籍俱在。可考而知者也。獨新王國勢初定。於公罪往往持之甚堅。曰協甯畀其權於王人之微。而不以予拂特之地主。則於是乎有鄉監之設。曰協力夫。俄而地主徵發筦搉之權。亦歸鄉監。久之又以鄉監之權太盛。則又遣行部之理官。專司訟獄剌舉之事。❺更遣搉使。以收賦稅。置部都督。

以王命總州兵。凡此皆拂特漸變王國之層折矣。

王朝拂特之爭　歷史中有相反之一事。則如拂特之制。建於王國者也。乃至數傳之後。是王國者。常與其所自為之拂特。為至劇之爭。有時而王國勝。❻則為一統之合。有時而拂特諸侯勝。❼則為割據之分。王朝拂特。二者皆爭自存。故其為爭皆烈。夫眾建拂特。非為王者藩屏者耶。顧必毀之於數傳之餘。則又何說。曰是有二故焉。

一惡拂特之分民也。夫拂特盛。則王國民散。此如中葉之日耳曼列邦是已。是其始皆拂特也。而終成分治之強國。此其故亦易明已。民狃於耳目之近。知有拂特之君。而不知有共主。以有徵發之制。集其戲下。習其號令。一也。捆載輸將。入其府庫。二也。獄訟之聽。謳歌所歸。三也。自是三者行。民又烏知有王國乎。故使王國共主。與拂特強侯。有事於疆場。彼民之為強侯戰。無異於為共主戰也。中葉英倫王位之所以不傾者。以前代英主。審事勢之必趨。而先為之地耳。因緣事會。蓋亦有天幸焉。前王之約曰。一國之兵。皆為王戰。有徵發。非王命不行。則拂特之兵權去矣。賦稅之政。朝有專司。凡民為王征者。王自取之。則拂特之贏利亡矣。終之乃並其訟獄。為遺行部理官。自是三者立。而諸侯之勢大衰。

二惡拂特之世守也。惟此亦為王國之所病。而理刑制變從之。蓋拂特本有聽民獄訟之特權。而自其位為世守。故此權亦為所世守者。且其守之也常甚力。蓋不僅以威民也。以其有甚厚之歲入。彼王國所以力爭此權。必奪諸拂特諸侯而後已者。不必欲用法之無頗也。亦欲收此莫大利權之故。蓋歐洲訟獄。異於東方。民必出資。著自古昔。彼號為民治獄者。為李官。為讞長。乃至兩曹之代愬。❽例以勞而得酬。其於民謂之貶。此可言者也。❾有時或以賕。此不可言者也。訟獄總至。則其貶賕日多。此王國之所以爭也。爭而勝。則拂特之權利皆削。

諸理爭存　夫訟獄之所赴。同時而有數理官。此直者之所喜也。何則。以有以擇其至平者。乃曲者不然。理官廉平公察。彼無幸矣。故曲者之於理。常樂其受賕者。骫法者。疏慢者。蓋歐洲中葉。其聽斷訟獄者不一塗。有王國之理。有拂特之理。有族理。有商理。有教理。顧其持法決獄之平。而常可恃者。終莫若王國之理。此所以演進之餘。王國理存。而諸理皆廢。王國之理之所以善。亦有三者之可言。

一曰當權　社會最初之理官。則如宗族鄉社之長老。有事坐社木之下。以聽斷受辭。此無權力。而待民自首之廷也。假有大猾豪家。為人所訟。彼視其理如無物。理末如之何也。以能論法而不能責法故。是以宗族鄉社之理。必兩造皆誠有其不平。各執一理而不相下。其心所求在公斷。而後自首之廷乃可用耳。不幸民之興訟也。其一家。什八九皆故犯為姦欺者也。故其於獄。非以求平。乃為之推宕。為之抗違。為之譸張。而冀法之不己及而已。若而人者。非族社之理所能聽其獄明矣。若夫王國之士師。必不容其有是也。符至不行。則其械器可以取。其田宅可以沒。甚則佴其身於圜土之中。以待一時之斷決。且具獄奏當之後。其令不可違也。遠則其身家之禍益深。蓋王國之理。當官行權。其勢力之大有如此者。惟彼拂特之理。奉群侯本有之權。其勢力固與王國之理差相若。至於其他諸理。則以無責法之權。旦暮廢矣。

二曰得人 宗族鄉社之長老。其聽訟也以齒尊故。拂特之諸侯。以爵尊故。教會之尊宿。以德尊故。然而其人皆不必習於律令哲學之事者也。就令用其能者。而不必身為之。顧同用人。而王國之理官。則王者之所用也。選於一國之眾。而畀以一國之平。則其人之明於故事。習於法典。稔於下民之情偽。固愈於前三者之所用也。蓋以事理之常言之。最大之主人。使不以例故自拘。固宜得最能之臣僕。夫王者域中最大之主人也。一國之內。拂特之小侯數十。教會之畢協亦數十。而王惟一而已。然此皆自虛理言之者也。乃證諸事實。吾黨獨不見二百年以往。凡訟獄之事。有爰書。有典籍。用以紀錄刑讞之事。以備後日之請比者。獨王國理官乃有之乎。即此一端。則國民刑柄之宜誰屬。不既明也耶。

三曰簡徑　今人見獄訟之多委折。而科條之眾比例也。則曰此後世之文勝也。若古之質直。寧有是哉。不知此與事實正反之論也。使求其實。則古之所以罔民者。乃甚於今世。古之廷讞也。兩造常有必循之儀則。旋規而折矩。其言語應對皆有程。半詞齟齬。與法不相應。敗矣。且此其故甚易明也。蓋上古之民。所以決兩造之疑。而亭彼是之爭者。常出於搏鬭。彼之視讞。以代鬭也。故亦以鬭之意行於其間。相為狙伺。其不中律令。越規矩也。則指之以為敗焉。且古為理者之受辭鞫獄也。歲有定日。非其日而愬之。則所舉皆廢。前言羅馬神巫。能為膓卜。惟神巫之儔。能知理官行事之時日。與對獄之儀文。凡民為訟。必先諮之。而受其貶。凡此皆初民之成俗矣。故德人有言。古之訟獄。乃密結華。密結華者。言冒險之事也。乃自有王朝之理。彼則自我作故。凡若茲所號禮儀而無謂者。得一掃而空之。放告受詞。惟其便事。表為定貶。示之定程。而民之耳目不亂。其為法之簡徑如此。

即至聽斷之術。王國理官之所為。所以破初民之闇昧。而進於一王之制者。尤為多也。夫自血鬭暴俗之既除。民猶以搏擊勝負為曲直之判。舍此而外。彼種人所以決獄者。猶有兩術焉。一。使所訟之人為貴族。有聲價。則聽其人以誓自明。或其親戚為之眾誓。白其無罪。今之為誓者。昔之為戰者也。又使所訟之人。為奴虜客種。或社會之末流。則其誓不足當也。欲自明其無罪。則必有湔祓之事。湔祓曰阿諦盧。阿諦盧者。或具湇湯一器。使手探之至半臂。或帛罨其目。使赤足行熾炭上。或燒鐵至赤。使手舉之。假其手爛。則不為神相。斯為有罪。又使不爛。則告者枉誣。而其人實無罪。❿夫其為術之左道如此。幾使貴者皆良。而賤者皆莠。而於獄之平反。又何有乎。

若夫王國理官之所更張。斯其文明。過是遠矣。古以對鬬決曲直。其為俗誠未可以即除。而理官則為設他術。以聽民之自擇。則如兩造皆得引文書紀錄為證。而所謂文書紀錄者。上自國家法典。下至兩造之契約質劑。皆得用之。是故民重文字。日用交際。詳於記載者吉。此驅民就學問接之術也。其有重大之取與。則必取左證見知。無證者不省。顧此皆良法矣。而其法之尤良。為後日人民之幸福者。則莫若助理之制。助理者。陪審員也。理官鞫獄。十八九既得情矣。將決。乃偏詢助理。以其意之云何。眾云無枉。乃奏當也。助理必選諸兩造之比鄰平等者。考助理之制。獨英有然。溯其本始。言人人異。其或讕言無稽。不足信也。不佞間嘗考之。知其始獨王國理官。得用助理。夏律芒稱帝。受其法於羅馬。遺直指理官四出。問各部疾苦。所至皆行此法。又如皇帝聞某部有非法。或國權為人所侵。則遣使者詣部。以詔集罪人鄰黨。受問事如章。條答訖。必令作誓。以明無誑。此助理⓫之名所由昉也。方其制之始行。非民之所樂也。蓋使參坐陪獄。預不干己之事。往往廢業。不至則有罰。對而誑則有誅。此助理者所不願也。己之罪惡。著於人人之耳目。本比肩也。君為坐客。我為階囚。此罪人所不願也。然而其制於王國最便。是以西部諸國。小大由之。其始制必事涉國家。始用助理。行之既久。民以其法為平。乃具資獻。以請於王。然有助理者。必王之理官為聽獄而後可。至於他理。雖召陪審。莫有至矣。是知助理之設。其初獨用於國事之獄。若賦稅。若一切不貲之公罪。逮久歷年所。民信其不傾。乃廣而用之於一切之訟獄。而他制亦由之以廢。此助理聽訟所由始之大略也。知其制始獨行於王獄者。蓋民犯公罪。嘗不受助理之訊鞫。久之乃強使受焉。其最初之助理。乃集有眾。以舉劾人罪。號大助理。不用於廷鞫也。雖然。其制法與眾共。王官不得上下其手。一便也。待決者眾。故獄不可以久羈。二便也。平易近情而可恃。非向者決鬬湔祓之蠻野。三便也。治化既進。民日開明。雖始所畏惡。終乃不待驅迫而樂用之。至於今世之民。則謂助理聽獄。乃主持公道。捍衛自繇之干城矣。且其制本歐洲西部所同有者也。中葉紛綸之際。大陸諸國。主權劣薄。不足責其制使必行。故其法浸假遂亡於大陸。而為三島區區之所獨有。乃不知者。以此為英民之創制。庸詎知其始方以其非古法而畏惡之乎。此樂成者所以大畏於慮始也。以其當權。故法有必行。以其得人。故獄少濫。又以簡徑。故其業可久大。此刑法之柄。所以終歸於國家。雖然。其始非完全無缺之柄也。自國家宗教二者之爭。而後國之法權無玷。此公教修教諸國之所同也。是故國家法權之專。粗而言之。自宗教變形之日始。亦有國家。一旦悉毀其地方分治之制。而為立中央政府之法權。此如法國前事是已。然終大害。此其說太繁。非吾書所遑及者。至於他國如吾英者。則致之以漸。變其法而民若不知。其國遂安。而治亦日進。蓋治化之天演。常主於繼續而光明。不得為一曙之決驟也。

國家法權。其演進之大經如此。雖然。右之所言。及於其官而已。乃所行之法。演進之何如。斯又一事。非論以專篇不能細也。蓋言所行之法者。則必及夫議制之權。而言議制之權於吾歐。則必及國民之代表。凡此皆國家至大之義也已。

附註

❶ 殺人兇犯。

❷ 按泰西分罪犯公私與中土異，我所論罪犯公私，惟於官吏，乃有此別泰西之法，公重私輕，中土之法公輕私重，其亭法與此相反不可混也。

❸ 按前法之在中國，若秦漢之弛刑徒，唐宋以來之刺配充軍，皆如此矣。惟出律之事，則自古無之，蓋中國法家之思想，凡律所以刑罰人而非所以保民者也。西國於國法有出律於宗教，則有出教，此在中葉亦最酷之事，身被者亦人人所得誅，惟其權，則教皇之所有，方教力極盛時，可以施之國主，國主蒙此者其國，為景界之國所共伐，而其民可以叛也。

❹ 按毗爾字，有二義，一曰平等同類，一曰有爵貴人。

❺ 按正如漢之部。刺史，明之巡按。

❻ 按如西漢吳楚七國之事。

❼ 按如周東遷以後。

❽ 即今原告所雇律師。

❾ 按歐之理官於民有貺，而中國無之，雖然自本始之法，言彼之坐，堂皇而月有廩，歲有俸者，其得民之貺久矣，特西民致之，於臨時而吾民則豫完之於租稅，上有天子得此而為之設官，夫非枵腹以為人者矣。

❿ 按湄湯熾炭赤鐵流金，以手探之，實有容或不爛之理，此格物者皆能言之。蓋人之肌膚常含微溼，遇極熱物如流金之屬，此溼立時成蒸汽以護人肌，得不相著，但其物須熱度極大，而後能然。使熱稍減，則蒸汽滅而反傷人也。

⓫ 譯言誓者。

國家之議制權分 第十二（亦稱憲權）

曩嘗謂種人無法律之思想。雖然。非無法律之思想也。無議制造律之思想耳。蓋種人所謂法律者。同於率常。同於習俗。必其祖父前人之所已行。歷數世百年而不廢者。古之社會。義由人起。彼謂一人所宜守之法度。必其種與族之所常行者。無自作之理也。此義之行。而為歐人所嚴重者最久。一人之身。無論所居為何國土。必挾其舊法與偕。即至今日。號為文明之國者。於此說尚未盡去也。古宗法社會。最持久不變者。莫若猶太種人。其俗固重宗而不重國。故國亦隨亡。然至今以其種居異邦人國土之中。尚沿用其種律而不變者。則猶太之人也。若他種則入與俱化久矣。

嚴復曰。中國社會。宗法而兼軍國者也。故其言法也。亦以種不以國。觀滿人得國幾三百年。而滿漢種界。釐然猶在。東西人之居吾土者。則聽其有治外之法權。而寄籍外國之華人。則自為風氣。而不與他種相入。可以見矣。故周孔者。宗法社會之聖人也。其經法義言。所漸漬於民者最久。其入於人心者亦最深。是以今日黨派。雖有新舊之殊。至於民族主義。則不謀而皆合。今日言合群。明日言排外。甚或言排滿。至於言軍國主義。期人人自立者。則幾無人焉。蓋民族主義。乃吾人種智之所固有者。而無待於外鑠。特遇事而顯耳。雖然。民族主義。將遂足以強吾種乎。愚有以決其必不能者矣。

雖然。自遊牧行國。轉而為耕稼城郭之民。再進而有拂特封建之制。故其法律。亦漸以地起義。而與人離。其始所謂俗者。種人之俗也。乃今為鄉社之俗矣。所謂禮制者。種族之禮制也。乃今為國邑之禮制矣。然而從人之義。尚有存者。故必鄉人邑子國民。而後可以循其俗。由其禮。守其制焉。顧社會既日進於國家。而軍國之勢日重。其於民也。論所居而不言所自出。此古今群制之世殊也。

然而典章刑法。以國言矣。使必謂一國之中。斠若畫一。千里之地。同此刑法。同此典章。則又非當時之事實也。使吾黨言古法典。當十一世紀之日。而漫云法蘭西之法典。日耳曼之國律。此將為聞者所大笑。何則。見其於歷史事實。無所知也。當彼之時。若法蘭西。若日耳曼。若斯巴尼亞。乃至若英倫。之數國者。其中之一邑一鄉。乃至黑子彈丸。莫不有其獨用之異律。求其大同。無此事也。獨英倫以運會事勢之不同。故其此弊最蚤。然而袪矣。而至於今。猶有鄉律社律。如法家所謂契執例者。

❶此關田產公案。所宜考而察之者也。烏在其能齊一乎。若夫法德斯巴尼

亞諸國。則通行國律。直至百年前。乃肇有之。以此見法之難齊也。❷

夫法之不齊如此。使俗猶太古。民老死不出其鄉。則相安可也。自治化日臻。水陸通而民輻湊。不變。將棼叢而民無所措其手足。此國家之法。所由不可以已也。然民之所以能去故就新者。有三大因焉為之用事。請繼此而論之。

一曰舊典　歐洲之律。其可稽者。大抵皆傳於中古。舊律國而有之。為後世言治者之所重。以種人之所傳。故通稱之曰民律。又以其非羅馬之所出也。故又稱之曰夷典。凡條頓之種人。若義大里。若斯巴尼亞。若巴法利亞。若撒遜尼。若白爾袞地。蓋拂箖郎。若蘇洼比亞。若伏理舍。若英倫。若衛爾斯。若愛爾蘭。乃至蘇格蘭。丹麥。瑞典。那威。皆有之。雖著於載籍。時有後先。而自歷史進化時代言之。則皆相若。皆見於始成國土之際。而為新王所裒集者。新王肇造邦家。以既得其地。欲稔其中之民俗。或民與之約。故俗舊律。不得盡廢。得此而後從順。故必著之載籍。乃有循也。

是故夷典民律者。非創制顯庸之事也。特沿緣舊俗。著而守之耳。且其典籍。大抵皆其地父老豪桀。號為達禮明法之家之所獻者。既至而王受之。行政布憲。咨而後行。

然而其事。則法典歷史中一絕大因緣也。往謂種人法典。基於習俗。然習俗而不載於冊書。則其事亦隨時而遷變。特其變也。行乎其所無事。成乎其莫之知。非有人焉。敢為獨異。以蔑古反常已耳。若夫存於盟府。布在策書。則事大異此。有其變易。莫不可知。將有監史。舉而誦之曰。是前王之法典也。不可以不循。雖然。使其民不進則亦已耳。進則其國禮俗。必有質文代變之事。由是民始知法之可以損益也。則以時勢之不便。或自請於王以為之。或王欲變其舊章。而許其民以特別之利益。與之為市。且典籍者。胥史之所司也。方其裒集著錄之時。為其以意羼入者。又不少矣。吾黨生於今日。常若以文字為等閑。不知方古之時。書契始作。民視文字。敬同神明。其於書契。猶今愚民之於符籙。言者但云某法某律。著於某籍。其辭即為神聖。莫之敢非。此上古之民。所謂純樸而易治也。昔有西醫。行其術於印度南境。病者得其方紙。輒佩之以為已足。不於肆配藥也。是知化淺之民。莫不敬恪文字。但使其文見於古冊籍中。即宜頂禮崇拜。敬受奉行。而其原始之所由。則固非其慮所能及者矣。❸

二曰有司 前之言刑法也。見王國之理。所以為訟獄之所歸。方王官始出聽訟。固亦察各地民律。以之折獄平爭。然既主一國之平。親見法之不齊。地各為異。則凡勢之可一者。莫不一之。自然之理也。況更有巡方問事。周流刺舉之理官。以一人而察諸部者乎。其人本不專屬於一地。故其行法。亦可無拘於墟。至一路使畢。歸而報最於王朝。各言所遭。廷議其可以通行之法。於各部之民律。則采其大同。置其小異。吾英古通行律。即成於此。亦有一地習俗。守之至堅。則亦虛與委蛇。不為沙汰。顧其行也。及其一部而止。若前所謂之契執例。考其所以流傳至今。即坐當日王官。不察契執田產之故。大陸之有通行律。其後於英國者幾數百年。則以王國之理。主民獄訟。後於英者數百年也。獨羅馬史言。布呂多利[4]采集各部民禮。著為帝國通制。此與英人所謂通行律者。同其術矣。學者嘗謂助理制興。理官遣諸王朝。助理選諸其地。故理官主一王之制。而助理循異地之俗。是二者勢必牴牾。而當年不聞分執之爭者。何耶。則不知王國理官。自有其術。使助理有欲為其異而不得者。蓋助理之設。以待王官顧問者也。王官所問。常在事實。而不及例故。譬如獄為爭襲。使王官問曰。誰宜襲者。此例故也。地或不同。設其地之俗。率傳少子。則助理將舉少子以對。曰少子某當襲。雖與王朝立長之制。徑異可也。乃今王官問曰。誰為長子。此事實也。助理必謹應曰。某也長子。而長子之宜襲。有王朝之法典在。王官舉而誦之。其獄決矣。與助理者固無涉也。此其分異。著自古初。直至今日。法廷理官助理。猶以此為疆界。不得相越也。

三曰粉飾　右之二術。皆所以劃眾異以漸即於一同。而王朝於是乎有造律之事。特收效甚緩。而頗難齊耳。是二者之外。尚有一術焉。亦所以奪民律之柄。而使操之於王官者也。則有粉飾之事。假如其地民律曰。田不可售。乃今者甲有田。欲售之於乙。則先令乙訟甲於理。謂田本乙產。而甲之祖父佔之。以其事之為粉飾也。則甲固自承佔田。而王官得斷其田以與乙。此其所以與民律相遁之道也。雖然。田之誰主。其事在國人耳目間。脫非理官知而故縱。即粉飾亦何由而用之。此其事學者將以為無足重輕。而不得與於一因之列。獨是歷史之事。往往名存而其實雖亡。民若有以自解。與之變古法而無辭。乃至名實兩亡。有棘棘憤爭。即喋血斷脰所不顧者。此粉飾掩耳盜鈴之政策。所以見於歷史至多。而於古宗法之民為尤甚也。雖然。何必往古。近者革雷特一島。土耳其必不肯讓其主權。後議盡去一切主權。獨得樹偃月孤星之國旗於其上。土乃欣然。受要約也。

終曰議制　雖然。右之三因。皆其緩者也。當群演精進之時。除舊布新之事。幾於日有所聞。使僅恃前三者為之變。必不及也。則於是乎有議制。制立而民不從不可也。則於是乎有國民代表之事。

國民代表之義　後世言政治者曰。國民代表者。合格之國民。所舉以自代者也。選之於眾。舉其所賢。以為其部之喉舌。脫所議事重。則通國合格之民。先舉舉者。而後舉者舉代表焉。此代表之政舉人之大略也。若夫代表之義。至於今猶未論定也。有最勝之兩說焉。其一派之說曰。代表者。國民之所發遣者也。國民為主人。而代表者為之臣僕。代表宜聽命於國民者也。其有言。國民之所欲言也。其有行。國民之所欲行也。夫而後曰代表。其又一派之說曰。是不然。代表者。國民舉以從政者也。國民之於政。不皆達也。其所舉。必其達於政者。既舉之矣。是猶有美玉於此。而舉玉人雕琢之。又何得曰。姑舍汝所學而從我乎。故國民之於政。宜一聽代表之所為。不宜更箝其口。而縶其手足也。二派為說。其不合如此。❺然有合者。則選舉代表之時。國人得極意盡慮。以選其所欲得者。為之代表也。

雖然。此近世之觀念也。方宗法社會始為國家時。謂民知治己者。己得自舉以為之。此其心之必無是。可以決已。且略考古昔與今日淺化社會者。所共見也。夫初民獷忮。其於社會交涉。知有戰耳。烏識其餘。代表之制。彼見無所謂干己者也。故尤不樂事其事。言代表之始。而窺古人以吾輩思想者。必大失其實者也。則盍捨此。而更求其餘。

夫代表如今世之義者。誠非古之人所與知。而見知連坐之法。則淺化之國所同有者。又為其民所習聞也。使甲而殺乙。乙之親戚。不獨責償於甲也。甲之親戚。且與同坐。使梓人丙。為丁築室而不堅。俄而圮焉。不獨丙償之也。丙之同行。當共償之。使賈人庚。有逋於辛。辛之索者。不獨庚也。庚之同社。皆可以索。古俗民之相聯系以為責任。有如是者。

由是其義則國家竊取而用之矣。蓋國家始立。有不咨術於是而不得者。有人死官道間。殺者莫知主名。其左右三鄉。必同首賊。必同出所罰金。有一牛亡。蹤跡至某里。則責賊其里。可使出金償牛主也。市肆有鬭者。墜裂王旗。或監市之官蒙辱。法惟其邑人是問。王之賦其民也。簿曰某邑某集。所出幾何。則邑集之人共出之。其富人最病。

連坐之律 雖然。責之矣。責之而民不出。則奈何。此其事自吾黨觀之。則曰是一邑一鄉一集之民。宜第其資產高下。使各出金有差。不時出。乃以法繩之。無他道也。然而是道也。將必有無窮之費力。彼為王者。不能置其庶政萬幾。徒譾譾逐逐。日於其民責逋賦也。則於是有簡徑之術焉。曰。吏取其邑其鄉其集。號最殷實者二三人。而繫囚之。使任出之可耳。方其行此也。都邑鄉集之民必盡讙。而吏乃從容曰。如期具錢來。吾釋若質。夫如是。其所為之暴戾酷虐。固何待言。然最有效。此至今東方社會。其中號能吏。所日日行者。我曹自不見耳。❻大抵出財。皆其地之富室。即不然。其親戚里黨。為醵資以贖。而後釋之。此雖謂當日國家所為。等於劇盜。蔑不可已。雖然。群演之將進也。往往良法勝制。緣於兇虐而後興。脫其始無然。其法制反以不立可也。此治天演學。言社會之變者。所以不可無高世之議也。即如前事。正後此地方自治之制所由萌。然不暇論。而吾黨即今所注意者。其事於國民代表之制。為一緊要之進步云爾。

風俗漸成　夫緣連坐之律。以刦質要民。其術之便事如此。此其勢固無由熄。行且用之而益多。蓋國家常亟於斂財。其取民也。莫不有可借之名目。是以歐洲中葉之初。鄉邑之長老豪宗。以保產澹災之不可以緩也。恆以歲時。集於社木之下。與鄉監督租諸王官會議。所以納王供完國課者。商業稍興。則有市邑。而市邑之中。亦有其領袖老成。以時為會。如其在野。當此之時。其所議者。不獨租稅貢輸已也。且取鄉邑地方之公事。於此而公言之。然而其事之所以常舉而不廢者。實賴有王官焉。為之監臨而程督之也。至今考諸故府之籍。當時之遺令。尚有存者。曰召縣社。若伯社。❼令以期集議。如故事。里甫與四民之眾咸集焉。皆此令也。

議院濫觴　洎十二世紀之末年。天誘民衷。而絕大之理想。乃發現於吾歐之西部。當是時商業日興。民之往來日眾。金銀之市價驟低。諸部國家。皆苦貧乏。賦斂之苛。水深火烈。民於是群起曰。往者縣社伯社。皆有集議故事。然則通國社會。何不可以集議乎。已而斯巴尼亞。錫西里。法蘭西。司根底那毗亞。❽英倫。蘇格蘭。愛爾蘭。莫不有國會之建立。雖然。其始為之議員者。不必皆眾舉之代表也。與議之眾。雜而多端。蓋草昧之制。其多缺不完。固如此也。

有世祿貴爵　前言國家之初制也。於國君名位既定傳世之後。則及群臣之眾輔。凡此皆攀鱗附羽。與共定王業者也。其眾常始纖而終洪。酬德疇庸。於是有五等二等之封爵。又以教宗之日盛也。其中尊宿。為畢協。為亞博。其隆貴與勳爵擬。故其為數常多。而不可勝用。而國家常政。王乃別選具臣。為其侍從。此於古曰孤理亞。今音轉曰孤爾德。❾常在王之左右備任使。然使國有大議。則勳貴諸臣靡不集者。夫國會之始。不能無勳爵貴人者。勢也。

有教會僧侶　且當此時。社會有必不可忽之民等。則教會之僧徒是已。自景教聿興。為一洲貴賤之民所崇信。教會以檀施者之眾。故積財益豐。通計一洲之田。主於教會者。殆五之一。極盛之際。❿才傑之教皇六七作。肇為制度。使僧侶自別於平民。而自為一類。出家去親戚。名以修身事天。斷嫁娶。絕人道。則非俗官吏所得制。有田不供王賦。曰其租稅已納之樸伯教皇也。夫王之為國會者。正為財耳。則彼封殖深厚之僧徒。豈能任其不至。則以力相強。使國中之神甫祆牧。凡有寺田恩供⓫之贍者。皆會焉。此其事斷非教會儔侶之所樂也。顧以制於王之強權。欲勿從而不可。

有中戶之田主　使其家有數頃田。皆可於國會中舉代表者。此其法固平等。然於吾英有未盡然者。蓋遇將為國會。王則勑鄉監。於每鄉選送二人為會員。是二人者。鄉監往往不於農民中求之。而多取其鄉之奈德。⓬奈德。田主而有執兵從王之義務者也。彼農戶者。方深喜於勞費之不己及。乃其終效。使己族之權利坐奪。則所不及見者矣。若夫大陸諸邦之所為。則農戶之代表。法必於農戶中求之。不得專取奈德貴人也。

有市邑之平民　終之乃及於工商賈。亦令各舉代表者。以為會員。此吾英所謂布爾則斯。或曰布爾格爾是已。⓭於是巴烈們⓮之眾備矣。最而言之。其中有貴爵。有僧侶。有田農。有工賈。得是四眾。而國民中之有恆產職業者總至。此所謂國之額斯達者也。⓯

蓋議院之首基如此。然其中有二要義焉。為後世之人所未深察者。是不可以不論也。

(甲)今人動謂議院為文明之民府。為民權之干城。其制之立。出於國主之至仁而大公。其始為國民所禱求而後得。既得之後。莫不歡喜頌贊。私慶其身為天下之幸民者。此真囈語。而與事實正相反者也。凡彼所云云。皆議院既興。數百年後之思想。若其制之始立。正國民所疾首私憂。而願其速罷者也。為舉者。為所舉者。皆以為煩擾而病民。鄉農苦之。以須出財。為會員之資奉也。僧侶惡之。以不欲委教會產業於政府治權之下。而聽王官之指揮也。邑子憂之。以邑之有代表人者。其出賦多於無代表者也。通國之民疾之。以巴烈們之宗旨無他。主以搜括民財而已也。蓋王為國會。正為於民有所加征特取之故。聚其民之代表於議院。以承王之所要索者而諾之。諾而後斂之於其眾。夫如是。則其制之為民眾所喜者幾何。又何怪始行之百餘年。眾之無敢不集者。徒以國王壓力之故。若君上荏弱。力不足以行其令者。則國會常不復合。若大陸諸小國。皆其證也。故以議院為當日民權見端者。學士不為此說也。

(乙)或謂議院既立。於一國事。大小無所不當問者。此亦非當時之事實也。蓋其本制。止於承諾出賦而已。其論政議制之事。則其中之世祿貴爵。固世為議臣。備王者之顧問者。乃若僧侶與農工商。四眾之民。毫無此等權利。考之史冊表紀。從無有及之者。是其證也。總之。議院代表諸員。其於國家。有諾責之必承。無權利之應享。考其本原。義盡於此。往者以相連坐之法。王有所欲取。則質其豪而求之。議院之興。正緣此義。特擴充之以為國會云爾。凡後世論治者之所云。彼時之君若民。實未嘗夢及也。

嚴復曰。作者推原議院始制。謂其事有諾責之必承。無權利之應享。故不可指為民權見端。此徵實之談。無可復議。雖然。自不佞觀之。則於此等處。正見歐洲阿利安種人。民權根本之盛大。而斷非吾種之所幾及者也。蓋彼雖當中葉黑闇時代。其拓土開國之人。暴戾横恣。著自古昔。然莫不知賦稅財物者。本民之所有。至吾欲取而用之。雖有設官所以治民。養兵所以衛民。可以藉口。然而皆不足。必待民之既諾。而後乃可取也。故雖召集通國之民。其事至為煩費。且有時或動民嵒。顧其勞不可以已。不如此者。賦不可加。財不可得也。乃今試執此義。而求之於神洲震旦間。而為考之於古以來聖經賢傳之繁富。其有曰君欲賦民。必待民諾者乎。至於韓愈之原道篇。則曰民不出租賦則誅而已。嗚呼。

議院之新形 然而社會之變。錯綜萬端。往往一制之立。其所欲為者或不成。而其所不欲為者。反得此而大濟。夫議院之立。固所以承諾國王所要索者也。莠言亂政。邦有常刑。雖然。是齊民之代表。固不可以議政。而呼籲請乞。則其所也。使其呼籲請乞。出之常時。為之上者。置而不察。蓋什八九也。乃今適當其上之有所求於其下也。故得以相市。而所呼籲請乞者。最有力也。觀之古籍。彼田農邑工之代表。固時有呼籲請乞之事。且為之甚力。其聲甚哀。是以國會既開。而王與有眾。為日中之交易。王得財賦也。而民得其所欲有之權利。為例故。無變更。此議院始變之形式也。

嚴復曰。此亦與吾今之報効者。何以異乎。然報効者。志不逾於得官。而朝廷則以官畀之。此上下交相失之道也。蓋出財者。不必於官宜。則國失矣。或守虛榮。終其一身而止。則民失也。惟彼族不然。其所求者。大抵皆一地一業之利便。而可以世守者。故民權之成。亦以漸耳。上有所諾於民而不可食。有所約於民而不可負。食且負。民得據所守而責之。此民權之所以成也。

學者將曰。議院新舊形式。固如此矣。然而是種種者。何關於國家之議制權乎。應之曰。此正議制之權所由有也。請繼是而言之。

王言稱制　國會合。則民有所呼籲陳請。與夫吏民之上書。此中古所流傳。至今故府。尚多有之。使考者任取一時而覈其事。則大抵分兩大支。其一所言。則涉小己身家之私。如某人老病。然於國有勞。宜邀祿卹。某家有冤。乞為申理。某吏為暴。宜與罷斥。凡此王可否之。皆無涉著令之事。其所涉者。僅國君行政之權已耳。乃若其他一支。則不然。民之所言者。或稱舊章之違反。或言某見法之未安。乞王修改。以幸百姓。使如此而王俞之。則無異更立法度。著之令甲者矣。古之人君。固法度之主權也。且以所主者為軍國之社會也。凡所以守國安人者。彼固皆可以出令。如某事宜興。為禦寇讎。某政當立。為詰奸宄。某關當開。某口當閉。三品貨金。不可出國。四封戍卒。踐更以時。乃至立章品以敘其臣鄰。頒法式以明其刑罰。凡此皆王者之名器典司。所獨專之威柄。從其一義言之。即謂國之法典可也。

法從民立　然所謂真實之法典。則必一王之制作。與國民之籲請者合。而後所立之法。與民生日用。有息息之相關。而前者散漫無統之習俗。乃今有本末範圍。而垂為一朝之成憲。此真實法典之精神也。故法典者。國家所範鑄之民俗也。古及今。作者之聖。述者之明。常循此道。其本一人之意。以作則示民者。其事至寡。必喜自用。則其事多敗。而法或不行。故慎之也。大抵能者之為治也。知其國之敝俗。與其民之疾苦矣。固知其不可不早圖。然未嘗敢鹵莽耕也。必深稽於社會之中。察其中才德明達之民。所以自救者。其事何若。爾乃采其成法。著為律令。責下中之眾。使率由之。夫非主治者不能自為法也。亦非法莫良於所已見者也。然大利之法。視民程度何如。過高者之不操。與不及者之病民等耳。乃今彼所著為律令者。即取諸社會之良。則知其時之已至矣。使中下者之勉致。所謂從其後者而鞭之耳。且法莫病於民之不己附也。而彼所行者。又無慮此。何則。社會之中。已先有其同者故也。使議其後者曰。是不可行。則固明明有其行者。而議者之喙塞矣。今日政界有問題。曰法令干涉。當以何者為之界限。使學者於前說而思之。則所以解題者。當不遠也。嗟乎。為一國之政府。使徒以己意議制。而不察社會之程度何如。是無異言彼知社會。勝於社會之自知也。則吾未如之何也已。

從眾之制　用代表之治制。而操國家議制之權。則必先有一法焉。而後有以行其制也。則從眾是已。夫從眾。今日有議院之國所同用也。雖然今同。而云古即如是。則不可。古之民不識從眾之義也。有一議。十人之中。為七人之所合。古不以是為可用也。此自吾黨觀之。若甚怪者。然事在歷史。固無可疑。議院之從眾。僅始於近古。前夫此者。未嘗以眾同為決議之物也。

政黨之分　所尤足異者。古之人無從眾之說矣。然未嘗無門戶黨人也。黨人者何。一眾之人。利益相合。而共為所事者也。聞者將曰。既有黨人。其爭於外者無論已。假有同氣之爭。非有三占從二之術。其何以定之乎。曰出占探丸。均非所用。一議未決。考於舊章。舊章不足。乃為調停。調停不能。惟有戰耳。勝者得之。負者噤若。故古眾人之於議也。設非盡同。必出於戰。此亦社會不進化之一大因也。

嚴復曰。宜乎古之無從眾也。蓋從眾之制行。必社會之平等。各守其畛畔。一民各具一民之資格價值而後可。古宗法之社會。不平等之社會也。不平等。故其決異議也。在朝則尚爵，在鄉則尚齒。或親親。或長長。皆其所以折中取決之具也。使是數者而無一存。固將反於最初之道。最初之道何。強權是已。故決鬬也。且何必往古。即今中國。亦無用從眾之法以決事者。何則。社會貴者寡而賤者眾。既曰眾。則賤者儔也。烏足以決事。以是之故。西文福脫之字。於此土無正譯。今姑以占字當之。取三占從二之義也。

選舉議員　以議院最初形式之如彼。故集國會。民有避舉。無爭選者。爭選。後世之事也。今之議員。代表也。民使也。古之議員。雖代表。民質也。問世有爭為質者乎。固無有也。是故古之捃集議員也。王官往往捉人以當之。見家資及格者。則捆載致之議院耳。市邑之中。工商眉目。則自為值歲周流之規。以杜當舉而避者。此其俗見於斯巴尼亞。至輓近始廢也。

先進之國。民智早開。知國會議員。為保持權利之要津。於是向之逃避選舉者。乃今歆羨祈請之矣。此選舉競爭之所以見也。代表治制之行於歐洲也。固當以吾英為巨擘。而至十五世紀之末年。當是時。有議院者。蓋二百餘年矣。而民始知議員之可貴。而有爭而欲得之者。往者身為民質之想。直至是而始亡。而民使之義。與代興焉。此其義蓋本於教會所用之羅馬律。知議員之為民使。而後代表治制。乃撥雲霧而覩青天也。又惟議員之為民使。故國民得推擇而舉之。雖然。推擇矣。使同舉者眾情不合於一。則奈何。此其事跡之證。歷史中不多有。然試觀於社會之因果。庶幾可得而解之。

群鬭之選舉　向不云乎。凡初民所以決疑定爭者。大抵皆出於鬭。則選舉之爭。亦猶是耳。鬭而勝。則勝家簇擁其所舉者。以貢之於有司。有司受之。書其名以傳之於國會。今日報章每及議院之選舉。所用之成語。皆沿於古初。其爭選也。無殊其戰也。此非僅借喻而已。蓋古之事實。流傳於文字間也。

譁譟之選舉　戰鬭者。初民之所最樂也。然而事有難者。況董之以王官。可繩以擾害治安之法乎。故其始出於實鬭。浸假乃名為鬭。而一黨之人勝焉。雖然。何黨。曰使他物而平等也。則黨之最眾者。此計數多寡以為勝負之所由也。而出占之法。亦從之以始。其始之出占。非若今之書名投匭也。眾各呼其所舉者之名。為譁譟。所眾舉者。其聲洪以聞。所寡舉者。其聲微以弱。此其以眾蝕寡之道也。其法之粗如此。使舉者異。而眾寡之數略均。又無以辨也。於是乎效戰陳之行列。而料簡其人數。此亦古法也。今日國會選舉。所不敢以此法行者。恐民將由今之文。而反古之質也。故雍容揖讓之術行矣。則出占是爾。

政黨實用　吾黨由是而知從眾之制。所謂以少數服從多數者。其始乃武健忿爭之事。而非出於禮讓為國之思。使常決於戰鬭。則戰者才力之高下。將者指揮之巧拙。將皆有勝負之異效。惟用從眾之制。前之事皆可以不計。易而易知。簡而易從。是以其法大行。用以排難解紛。至於今不廢。而推之彌廣。且從眾之制。與平等之義。吾不知孰為本末也。或曰。惟國民之平等。而後多數之權力若此重也。是平等因而從眾果矣。獨是考之歷史。則又若平等之義所由大行。即坐國論常以多數決疑之故。然則又平等果而從眾因矣。總之是二物者。其相為用切。而相為始微。不得截然斷其先後也。且自從眾之制大行。吾國之政法。尚有一最大之機關。緣之以起。則政黨之分是已。今夫門戶之分。古之人以為大賊。而孰知其為吾國政理最精之機。朝野一議之興。皆必有兩派焉。為之異同而互照。此所以救人道過不及之偏。國家得以察兩用中而無弊者也。嗟呼。言政黨之利國。可更僕者。不一端已。約而舉之。則國中之民。於門戶各有所分屬。以勝負之為用。於國事皆所關心。一也。政府行事。萬目睽睽。常有其伺察監視之者。不敢放恣。二也。民之於國。其才智各有所施。其喜功自試之心。常有以自達。而民德不至於腐敗。三也。饒實之民。與高材碩學者。常與國同休戚。愛國之意。不勸自深。四也。人人有國家之思想。視國事同於己私。故代表治制既立。不至名存實亡。五也。嗚呼。歐西諸國。非號文明者耶。然使歐無政黨者。斯焉取斯。

然則總而論之。歐之諸國。其議制之權有三物焉。是三物者之於議制也。其猶心肺腦海之於人身歟。

一曰代表。

二曰從眾。

三曰政黨。

是三者之為用。大小不殊。施之中央政府可也。施之於自治之地方亦可也。乃至公司私會之間。蔑不可者。以其物之無適不宜如此。而人心遂若忘為其議制之機關。而以為道國之止境。則亦過矣。夫器者所以善事者也。欲善事必先利器固然。然使物材脆薄。雖有利器。事之善者幾何。則不可不於民德之中求其本也。不佞此篇。詳言國家議制之柄。自草昧而底於今形。使吾言而有當乎。亦以使學者知社會天演之所範成。不至以今世之思想。以尚論太始之制度云爾。

附註

❶ 按契執例，蓋鄉民受田於地主，租賦分收之事，地各不同，然皆有地主契約，俾收執以為據者，故云。

❷ 按由此可見泰西百年以往，其政治遠出支那之下，又以見其帝王專制之不逮於遠東。

❸ 按於敬惜字紙，足以覘民智之程度也。

❹ 譯言城尉。

❺ 按二說皆堅，而後說尤中理，使中國而用之，則吾從後說。蓋欲用前說，必民智至高而後可，然為代表者，不可不知前說之義，為國民者，不可不知後說之義也。

❻ 按近辛丑壬寅間，拳匪平教會責賠款亟，吏緣為奸民不堪，命廣宗以叛告，大吏縱兵獮之，所殺數千人，皆老幼婦孺，不能去者，邑令所繫囚，則富民景姓也。

❼ 伯者鄉也，始其中容百家，故曰伯。

❽ 瑞典、那威合邦半島之名。

❾ 譯言朝廷。

❿ 在中國宋元間。

⓫ 義見前。

⓬ 義見前。

⓭ 布爾格爾，猶言邑子，所以別於鄉農也。

⓮ 譯言議院。

⓯ 按額斯達，此無對譯之字，可云楨幹，或云基業，然皆不切。

國家之行政權分 第十三（亦稱政權）

曰刑法。曰議制。曰行政。三者國家之所以為國家。而經綸社會之大柄也。夫刑法議制。吾於前二篇既及之矣。乃今與學者言此最難言者。蓋刑法所以司一國之平。議制所以立一國之幹。此吾歐上國。大抵已成全勝之規。文明之民。極言論自繇。莫之訾議者。而非以論於行政之一權也。是故往者民權之說。大昌於吾洲。有謂宜私立民理。或云民黨議憲。其說亦風行一時。而至今闃如。莫有操之為摯論者。獨至行政之事。民生日用。若宗教。若工聯。若商會。若教育。若衛生。謂宜聽民自謀。而毋庸食肉之夫。為大匠斲者。一國之民。什五六也。以其議之未定如此。故不佞茲篇所及。但取國家所實行者。所實有其權者。為之詳其本末。若夫未定之說。所不遑也。蓋不佞是編例法。固皆表已然之事實。而為之推論考證其所由然。於以見天演流行之大例。至於當然之義所懸諸政家學士理想感情之間者。雖有至美。非所及已。

國家最初形式 由圖騰而宗法。由宗法而國家。國家又曰軍國社會。故國家所重在軍政。而其所部勒經綸者。無慮皆司馬法也。國家之制。始於有王。王之立國也。以力征而并兼。或轉戰而啟闢。其從王為禦侮。為奔走者。盡武人也。以之設官分職。而王自統馭之。猶三軍之司命也。於以守所征略之土地。於以治所隸屬之人民。其始之人民。皆受治。無主治者。❶逮國立數百千年矣。主客之勢漸忘。而又有無數因緣。為之用事。而後治於人與治人者合。而代表之治制興焉。此非一朝一夕之故也。夫民於國。必有治權之可分。而後可稱為其國之分子。假於出治之時。有奉令而無可否。雖至宰輔。仍為奴隸。如是而曰國吾國也。徒強顏耳。

國於天地。必求自存。此其事與一生物等耳。求自存則有二事焉。不可以不努力。一曰禦外侮。一曰奠內治。禦外侮以兵。奠內治以刑。故行政之權。其始皆溥於是二者。自然之勢也。乃至民生安業之事。大抵任民自為。而不過問。或有取而干涉之者。亦以關於前二者之行政權。乃間接而及之耳。

嚴復曰。讀此則知東西立國之相異。而國民資格。亦由是而大不同也。蓋西國之王者。其事專於作君而已。而中國帝王。作君而外。兼以作師。且其社會。固宗法之社會也。故又曰元后作民父母。夫彼專為君。故所重在兵刑。而禮樂宗教營造樹畜工商。乃至教育文字之事。皆可放任其民。使自為之。中國帝王。下至守宰。皆以其身兼天地君親師之眾責。兵刑二者。不足以盡之也。於是乎有教民之政。而司徒之五品設矣。有鬼神郊禘之事。而秩宗之五祀修矣。有司空之營作。則道理梁杠。皆其事也。有虞衡之掌山澤。則草木禽獸。皆所咸若者也。卒之君上之責任無窮。而民之能事。無由以發達。使后而仁。其視民也猶兒子耳。使后而暴。其遇民也猶奴虜矣。為兒子奴虜異。而其於國也。無尺寸之治柄。無絲毫應有必不可奪之權利。則同。由此觀之。是中西政教之各立。蓋自炎黃堯舜以來。其為道莫有同者。舟車大通。種族相見。優勝劣敗之公例。無所逃於天地之間。乃目論膚襲之士。動不揣其本原。而徒欲仿行其末節。曰是西國之所以富強也。庸有當乎。

交通之政　兵刑而外。尚有所以輔兵刑者。與兵刑之所持而後威者。又不可以不講也。故國中道路之交通。古王國所絕重者也。今國中幹塗。猶稱王路。即此意也。自今人觀之。若專為商旅轉運之便而設者。而孰意不然。王道之平蕩。所以利師徒之遄行。而後為此耳。蓋當王國始建。不徒外國之通商互市為無有也。乃至國中諸部之運售。亦未起。則謂民募眾擎之力。以修造道塗如今日者。乃大謬耳。以通塗之實利行師。故王國之政。謹之若此。乃至橋梁。亦所重者。水之橋梁。猶陸之道路耳。吾英古諸部之道里橋梁。其修治皆其地自出費。此地方自治之制。於古已興之一

證也。大陸諸國不然。國中幹路。必王之政府自為之。未嘗以此權假之民庶也。❷

郵傳之政　國家所以重驛置者。亦此理也。至於後世。其原因乃不同耳。古之驛遞。❸所傳者皆王國之事也。乃至於今。有鐵軌汽車之盛制。然其物主以民。而不主以國家者。於歐獨吾英耳。❹至於大陸。筦其政者國家也。此其為軍政而重之。無疑義爾。終之則有電郵之設。所謂海綫旱綫者。無慮皆主於國家。猶此志也。❺

警察之政　以奠內治。則於是乎有警察之令。是亦著自古昔者。夫警察自其一義而言。乃所以輔理官。屬於刑法權者也。然刑法所以懲已然。而警察所以禁未然。此其特義。所與尋常法權異者。英威廉第一。踰海開基。而著火令。❻督守望。作見知連坐之律。察壚市容納外人。逆旅之令。煩若蝟毛。皆警察之政也。大陸諸國。其防姦察宄。政尤暴橫。往往民不堪命。獨近者吾英差愈。則地方自治之制完密故也。國家以責成於地方。而董其報最云爾。❼

筦榷之政　然而政非無財者之所能立也。故古之國家。於禦侮治民而外。其所亟者。莫若歲入之經費。彼欲歲入之日增也。則亦有相民生計之事。且為之謹權量。審法度。平物價。第程品矣。而其所尤重者。莫若制圜法焉。夫使國之賦民。任土而作貢。則必有權度嘉量。使民之耳目有所一也。其始豈無地自為制。持東邑之尺斛。而不可行之於西。自王官以其物為不便而起姦。則以王之令。定其一而悉禁其餘。有不從者。以違制論。若夫泉府鍾官之設。所謂易中制幣者。尤不可以不一也。故其始各國之民。皆得自鑄錢。久之而其政獨主之於國家。顧其權亦非不爭而遂得也。今世計學大明。故謂圜法宜一於國家。一洲之民。無異說者。特其事非自古已然耳。

奴耕變制　今夫處威權勢力之地。事常欲自我而為政。而不樂聽命於他人者。此一官一府。與一人一己之同情也。官府雖制。亦人而已。而國家則官府之大者也。其不讓之私尤深。其爭勝之力尤大。此所以一國之事。有其義本無屬於國家。而國家常越俎偪下而事之者。無他。爭權力耳。前言社會產業法制。於國家所以解散鄉社之局。既詳論矣。然所言者。止於主業者之流變已耳。若夫僮奴世僕之制。所以漸變為傭僱者。未明言也。考十四世紀間。歐洲有最重之天災。諸國同被。無或免者。則今所稱黑死之癘疫是已。獨以英國言之。所亡戶口。在什五三一之間。而其禍中於勞力小民尤酷。天行已過。國中力作之眾大稀。所孑遺者。皆舍田功而趨邑業。由是田疇大率荒蕪。而田主大困。不得已。乃呼將伯於官。求其振已於困阨。當是時國家方欲攬其事權。則為著農庸之令。田作日幾時。每七日受庸錢幾何。大抵令無大過其舊所酬者。乃自此以來。國中工庸高下。操作為時短長。其所以整齊調御之者。政大較歸國家。則前者天災之所相也。此其近果。則往者奴耕之俗。坐此而除。而徒作之程。為官之所制。雖然非驟變也。蓋議法之官。即拂特之舊田主。故僮奴之制。亦遲之又久而後祛。且國家之律令。萬不能取已困之小民而亨之也。此其事視生計問題以為轉者。特自法典言之。彼勤勞稼穡之小民。於社會地位。大異其初耳。

嚴復曰。國之有癘疫。非儻來忽至者也。亦非民之稔惡無良。而冥冥之中。行其罰也。又非刦運之說。時至必然。不可免也。蓋必有其致疫之由。雖曰天行。皆人事耳。夫國之有大疫者。其社會必貧而不潔。此歷驗無一爽者也。蓋貧則食菲。食菲不足以養精。貧則衣劣。衣劣不足以禦寒。積之既久。而其人之在社會也。猶木之有黃葉焉。西風一號。皆墮地矣。且衛生之事。莫重於潔清。甚貧之社會。未有能潔清者也。容膝之室。夫妻子女。聚居其中。所噓噏者皆敗血之殘氣。處城闉湫隘之地。為微生疫種之所蘊生。而其人又至愚。與言衛生。彼不知何語。其國之舊教。又有以使之信鬼神儺禳之謬說。甘窮約溷濁。而不恥惡食與惡衣。夫如是之民。其初之所以不至於大疫者。徒以地廣人稀已耳。使一旦庸增穀賤。將勤嫁娶。而生忽蕃。人煙既稠。而不潔愈至。則大疫不起者。未之有也。此在歐洲。其事見於明季。而今日岌岌。將見於黃人社會者也。

工商之政　頃而國家之所以待邑業者。其政策與所以待野業者正同。疫癘盛行。其禍於邑社者。固不異於鄉農。然其受害所不至於鄉農之烈者。以其時新地肇通之故。以新地之肇通。商業駿發。其事非舊有之行社。所能辦治者也。新商雲興。鄙夷舊制。而惡其囚拘。乃別立章程。而所謂康邦宜公司者立。公司權利。同於行社。特較發舒自繇而已。考奇而特行社舊制。雜用羅馬公教章規。以此大為新教諸邦之所病。終之國家有解散舊行之政。更立要約。以治邑業製造諸工。且設有司。為之程督。❽吾輩由此可知。野邑之事。雖誠不同。而國家所以待之者。則一而已。莫非總攬事權。欲政府與工商之家。為徑接之交涉。不願有居間之首領。為之隔閡而分其權也。是時最大之舉。莫若解散印度公司。蓋彼雖名公司。實則龐然一壟斷之商行而已。❾其後吾英有工聯之合。其制亦政府之所深忌者。猶此志也。獨至斯密亞丹原富書出。風行全洲。其中於國家官府。干涉工商民生之事。反覆誥誡。此風乃以漸戢。不然。行政之權。所及於商務工業者。吾見其進。未見其退也。何則。彼不自知其事之為病國也。是後各國政府。稍稍悟其昨非。則反其前事。於工商之事。常為中立局外之權。不復若前之干涉。不幸所為前事。已成自作之孽而不可反。蓋彼取前古工業行社相生養之制而破壞之。夫既造此大因。則其後果。有必任受而不得辭者矣。

振貧之算　自行社制亡。而鰥寡孤獨者不得其養。此國家振貧之政之所由興也。夫民而貧。自其近因言之。誠不必政府之所使。然往日所未至於溝壑者。徒以有鄉社耳。有業行耳。有拂特耳。有寺田耳。乃自政教之變。國家既取是數者而破壞之矣。則前之待養者。今皆為彼之所養。勢也。且以其數之無窮。而時之無盡也。彼承此責。固未嘗不慮其難為。故國之有貧算者。政府不自為之也。必畀其權於地方之自治者。而已但為之總覈鉤稽焉。且此又其至不得已者也。蓋振貧之政。弊所易叢。求其無弊。非洞識其情偽陰微不可。是非地方之權莫能濟也。雖然。其弊尚未可以終祛。觀一千八百三十二年。英議院變政時所呈報。其五十年中之情狀。與一千八百三十四年所詳考者。乃知貧算之政。欲善其後之難為功也。是以英之藩國。皆以宗國之所為為戒。振貧之令。莫有更施。意若謂民。汝曹好自為之。雖凍餒。國於汝曹。無必救之責任也。然而國則免於振貧之賦矣。

嘗泯也。而社會困窮之眾。乃日倡社會主義與所謂均富之說於其間。可知其害固未

衛生之政　前論奴耕變制之由。見國家行政之權。每因天災流行。以之日長。此歐洲諸國所同著於歷史者也。蓋當流離顛沛之秋。而求助於域中最大之權力。民之常情也。至於假以事權。久之生害。則非其時之所計及者矣。故使政府之能力愈閎。民之求援而附益之以權。亦日益眾。是其最顯。若十四世紀之黑瘟。若十九世紀之霍亂。皆其證矣。其他若饑饉。若畜疫。若大火。若風水之災。若私家民業之不幸。皆以其民之呼籲。而政府於此。得為永遠之機關。以治此一宗之民事。有如衛生檢疫之政。前者政府。無此權也。即以本期大疫。而其政以興。至今日成最繁之例故矣。

嚴復曰。於右所言。又以見中西言治根本之大不同也。西人之言政也。以其柄為本屬諸民。而政府所得而操之者。民予之也。且必因緣事會。而後成之。察其言外之意。若惟恐其權之太盛。將終不利於民也者。此西說也。中國之言政也。寸權尺柄。皆屬官家。其行政也。乃行其所固有者。假令取下民之日用。一切而整齊之。雖至纖息。終無有人以國家為不當問也。實且以為能任其天職。其論現行政柄也。方且於之而見少。又曷嘗於之而見多。論者若曰。凡使吾之至於此極者。皆國家之勿

事事致之耳。此中說也。以二者之懸殊。故學者據中說之成見。以觀西書。輒莫明其意之所在。又每見中朝大官。與西人辦執。往往自謂中理不刊之說。乃為聞者所捧腹軒渠。斥其愚謬。不侫嚮謂中西義理大殊。深誡學者不可援一貫之陳義以自欺者。職是之故。夫彼是固各一是非。然必陳鐘鼓以享爰居。則固臧孫之不聖耳。

行政權之新形式　然而自代表治制之成於今形也。國家行政之權。亦大異古。古所謂國家者。王者而外。左右群臣。與拂特之諸侯也。凡此為治人之少數。與治於人之多數。不相謀者也。假令當此之時。而行政之柄日張。是使多數者之身家日用。常聽命於少數者之所欲為。姑無論其行權之非理而無道也。就令仁心為質。而其意純出於利民。而此閭閻疾苦。物力艱難。亦斷非是少數之人所能周悉。獨今世之國家。乃大異此。今世之國家。其中有一大分焉。固齊民也。又以舉選之制日精。而報章之為用日廣也。故雖鄙遠之區。其民隱常得以上達。向者官吏之恣睢。朝臣之愚闇。因其所為而禍民庶者。至是得少紓矣。蓋惟編戶齊民之權力。得以影響於國家。而後政柄雖張。常為其民所無畏者。民之意若謂今社會所謂國家者。非王者之國家。國民之國家也。國家之行政。國民自為政也。國民自為政。雖柄張何害焉。雖然。此其說是矣。而未嘗無其敝。又不可以不分別也。夫論國家之行政權。而欲定其必不可踰之界域。此書生之見。不佞不爾為也。顧於行政之權日張。而為指其末流之所極。使國民於政府有所祈請者。得先利圖之。則談治道。正為此耳。

前說之蔽　則自其最易見者而言之。夫今日世界。庶幾文明矣。然而曰國家者國民之國家。其行政無異國民自為政者。雖在先進之國。無此事也。即有平等之舉權。普及之舉權。然其舉權終不及於女子。即若紐齊蘭一島。其舉權及女子矣。然亦不能徧也。其國中尚有無數民焉。於政府行政。無絲毫間接之權力者。或曰彼之資格。可以用舉權者。固莫不得舉權。雖然。誰定資格者。而資格果何等物也。此名學所謂自丐其詞者也。且即使有國焉。其舉權號為普及。然亦國家行政之柄。每一增加。斯民自繇之福。遭一滅損。此不可滅之事實也。乃至國若英倫。若義大利。其舉權所界。尤有限制。則俗說之違實。愈益明已。且進而論之。假令國家之與國民。果可合以為一。然而云國家行政之柄。無惡於日張。而干涉之深。為閭閻之福者。其說未嘗非大謬也。蓋行政之權。與議制之權異。而與往所謂法從民立之議制。尤大異也。議制者。相時之宜。為國民立之大方云爾。至施之有事。則任熙熙者各奮其才力。以自求多福。而行政之權。不如是也。其於民也。為之法度矣。且督而率之。使必由。而無容其或畔援。是故同此民也。議制之政府。視之為成人。行政之有司。遇之若稚子。今夫善為國者。未有不期民自立者也。行政之權日張。民自立之風必日遜。此其國之所以弱耳。⑩

何言乎隳其自立之風耶。國家行政權之太用也。凡民之所為。皆有其督率者焉。皆有其指導者焉。而小己之裁斷審量。舉無所用者也。為之既久。其風俗則固整齊矣。顧民即以其奉令承教。竊幸無罪也。於德無所用其天良。於才無以表其能事。一旦督率指導者去。於德則行其欺。於才則見其無賴。此不任事而荏柔之民也。與強種遇敗矣。吾嘗試觀大陸諸邦。其中行政權最伸之國。其民品質何如。可以悟矣。又更觀於新立之社會。如澳洲左右之諸英屬。以其政之寬紓。其現象又何如。⑪

終之彼主於擴充行政之權者。意皆謂事之官辦者。常較民辦者。得力而可恃也。此其說容有信時。設持之而過。則大遠於事情矣。夫曰官辦勝民辦者。蓋私家之人。身為平民。常怯於樹怨。往往覩害群之事。常容忍而不宣。此治國有司所無慮也。且以常法言之。國之官司。固才力聰明之所聚者。而又有其專門之閱歷。此於位尊祿優者尤可見也。以位尊祿優之故。其於事也。雖未有近利美名之可劵。而其人亦可以自敦。雖然。此特見之於其上流而已。乃至卑官微秩之徒。則此情大減。且使國家所治之方域廣遠。則任事者尤難言也。且國家得人死力。所以常遜於私家者。私家能為之厚酬重賞。而國有時或不能。即其去惰窳。汰劣弱。亦不若私家之信而決。何則。勢不便也。文法之煩。有所必用。鑒察魚之不詳。而掩覆小過。請屬干謁。外至之壓力至多。凡此皆官辦之所有。而民辦之所無者。每見身處津要。手握政柄之家。其馭僚屬也。雖有顯過。猶曲宥之。設在民業。使所犯僅半於前。必無幸矣。且國家之於僕隸也。勢不能使所據之常可恃。此其因緣至眾。雖欲為之而不能。而人乃以此視其位如逆旅矣。是以誠篤悃愊之士。寧肆力於私門。而不願策名於王國。總以上諸因。遂使在官之胥吏下僚。什八九皆怠廢空疏。愚陋貪鄙。而於事甚無賴也。有二難於此。使欲以官辦代民辦者。必與居一焉。蓋國家必欲張其行政之權乎。此非教育普存。民德精進。使吾國有無窮之男子。才優操潔。雖所以祿之者溺。皆可以治事而有餘者。未可議也。然教育普存。民德精進。國之男女。皆才優操潔矣。則國家又何必取其行政之權而張之。

故曰行政權之界域。不可以意為之定也。雖然。明者即社會之事實而深觀之。將見官欲取民事而代之謀也。必出於至不得已而後可。必其所求之物至重。而所以求之遵何術。可勿論焉。抑或必務求其事之整齊。而不欲民之各抒己意。標相勝之新奇。總之必灼然見官辦之利。有大勝於民辦者。斯行政之權擴充可耳。不然。將無往而非代大匠斲。就令其善。亦於國為無補也。

附註

❶ 按中國之官吏，雖進於民，然其治民也，以其已官非以民，而即可以主治也。

❷ 案：道里橋梁之政見諸三代者，無論已三代之後，若秦漢唐元皆著意兵事，而後為此。

❸ 案：波斯驛制於古最善，為希臘所仿行。

❹ 自注英為島國，重海權故。

❺ 案鐵軌、電報、國與公司孰主而利，此計學家所至今聚訟者，而郵政、電報所以宜主以國之故。以其事之宜一，而不宜分，又有賦稅出於其中，故以國便，不僅其物之關於軍政也。

❻ 自注云塾間史書，謂威廉為此為防民火患，此最可笑者。

❼ 按警察非西政也，三代總於司敗，秦漢則有督姦賊曹諸椽。唐宋以來，代存其制，而保甲則未流之尤密者。顧今之人皆以為不足用，而必用警察之新制，不知保甲之不足用者，坐不出費耳。使移所以從新之費，以為其舊，吾未見保甲之不足以止奸也。

❽ 按此政見有明嘉隆間。

❾ 按其事正如嘉道間吾粵之十三行也。

❿按三復前論，知吾中國之為治，雖際其極盛，而自西儒觀之，其去道也，滋益遠。中國之為民上，極之為民父母至矣。此無論其言之不克副也，就令能之，民之能自立者幾何。穆勒約翰權界論，亦於吾治發深慨也。

⓫按十八世紀間，戈悉嘎島，伯理璽名保利者，一世之英主也。其所為大類美之華盛頓。顧華之聲望功烈偉然。軼湯武躋堯舜，著於五洲，而保利寂寂無頌聲作者。二君之作用有大不同者，不以幅員大小相絕也。蓋華治其民，宗旨在求其眾之自立，而保利不然，其擾民也，如慈父之於愛子，故身死而其國亦衰。

國制不同分第十四

古分類法　吾歐言治術者。以希臘諸哲為最先。而希臘鴻哲言治之書。其最為後人所崇拜者。又莫若亞里斯多德之治術論。其論分世界國制。統為三科。曰專制。蒙訥阿基。❶曰賢政。亞理斯托括拉寺。❷曰民主。德謨括拉寺。❸民主又曰波里狄思。❹此其大經也。五十年前。歐洲言治術者。皆以亞氏之論為先河。以言國制。亦必以所立之三科為要素。問一國一社會之制。必曰其為一君所獨治者乎。為其國貴胄豪傑所分治者乎。抑通國之民所共治也。一若是三而外。無餘形者。往者此科之學為進之微。大都坐此。論者謂近世亞氏三科之說漸廢。即此為政學猛進之實徵。殆非浪語。誠以亞氏所分。僅合當時之論。至於今日。是三科者。既不足以盡國家之形式。又其所區分者。於治道實無關弘旨故也。且前輩於三科之優劣。嘗致狺狺之爭。此更為有識者所竊笑。蓋治制本無優劣。視與其民程度相得何如。民如軀幹。制如衣服。以童子而披賁育之衣。決其不行而蹶耳。何可用乎。故不察國民優劣。而徒於治制爭之。祇成戲論。此治歷史學者所共明也。

國所同有　自事實而觀之。則世界中國家社會。皆一形式之變者也。其所以為一形式之變者。以其同有一物故。其同有之一物何耶。曰無上主權是已。唆威輦帝。是其為物。至尊而無所屈。無對而不諍。凡社會一切所為。皆可以統馭。顧此權之誰屬。則國以不同。不佞是篇。乃為微辨者也。且其權無所屈而不諍矣。此自國之法典言之。則如此耳。而自道德義理言。則亦有限制範圍。為彼所默仞者。設取而破決之。則其國亂而政柄移。此歷史所以有革命之變。理佛留顯。理佛留顯者。言轉輪也。夫自人道之多缺。而民德之難純也。而國家主權。設為無限不諍若此。此不得言其無弊也。然以立國爭自存。則又有無窮之大利。此所以今世國家。其形式雖異。而其有此權則同。或曰美洲之合眾國。其治內也不設此權。則其獨異者矣。

經制之殊　無上主權所同有者也。所以制置此無上主權。國而異焉者也。有為一人之所執持者。俄羅斯支那是已。雖其見於行事也。不必信然。且常有旁落倒持之事。顧以其法言。則扎爾皇帝之權。皆至尊無對者也。特此制於文明國不常有。而歐洲通制。恆分置其權於數家。曰王室。曰世家。曰齊民之代表。如大不列顛日本之制是已。夫使用後制。則分執主權之數家。對待之義。蝟毛而起。非至纖至悉之憲法。不能定也。故其政府曰立憲政府。設用前制。以大柄之操於一人。故其政府曰獨斷政府。此二名也。以人心之有所愛憎。故所以言之義解不一。於獨斷政府。則自用任情之意。緣之以生。於立憲政府。則率禮遵度之情。附之而見。雖然。此亦言其大較爾。世固有國權分屬。而任情自用。不減於獨夫。亦有專制之君。其率禮遵度。遠逾於立憲。是固當察諸其實。而不可徒殉其名以為論也。且立憲之國權分屬矣。而分屬之輕重多寡。又國相懸殊者也。即一國之中。又隨世升降者也。其選舉之法度。亦未可以一概也。國家主權有三重焉。曰法權。曰憲權。曰政權。顧有時憲政二者。分屬而不相謀。此如德奧二邦是也。而英倫則二者合并而不分矣。有時法權獨尊。非議制之憲權所得統。而吾英又以議院為最尊之法曹。是法統於憲矣。更有進者。言一國之元首。君主之國則有帝王。民主之國則有伯理璽。帝王為傳統。伯理璽為選君。顧其權力。不必以傳統而遂尊。亦不必以選立而遂儉也。日耳曼皇帝。其權甚大。固傳統也。米利堅伯理璽。其權亦甚大。非傳統也。荷蘭王位傳統矣。而其權甚微。法蘭西之伯理璽選立也。而其權亦微。其經制之相詭如是。學者烏得以君民二主之號。遂區以別之乎。

行權各異 且無上主權所同有矣。而所以行用此權者。又國為異制。此又文明法典重要之區分也。蓋此權之於國也。有永建暫立之殊。永建者。其當國之人。常具無上主權。為隨時之用。暫立者不然。必有特設之部署。而後其權集而用之。吾英之無上主權。永建者也。鼎足而立。其議制之權力無窮。當十八世紀之末年。大陸各國。主權大抵同於吾英。皆永建者。顧百載以還。民情懲於既往。不欲界平時當國者以無限主權。於是乎其權有暫立而無永建。此如斯巴尼亞。比利時。荷蘭。及德之合邦。其中尋常當國之人。皆著之權限而勿許越。權限則其國之憲典也。使限內之權。不足以逮事。當國者必求之於暫設之主權。如大會國民。使之出占決議是已。以行權有暫立永建之異。而法典中之甚重區別。從之以興。則其為律令也。有原本律。有尋常律。原本律。非平時當國者所能議立改訂也。其所議立改訂者。皆尋常之律令而已。原本律者。期與國長久不刊之憲法也。尋常律者。議事以制。隨時之憲法也。法典舊義。有載府不載府之辨。不刊隨時。義正如此。載府之憲法。大抵皆不刊者。方其議立。固以此為不可變者。而不載府之憲法。年月萌生。積久而著。則尋常憲權所得修改增削者矣。❺

不佞往常謂經國垂法。其治制之形式。視所遭之時世。與國民之資格為何如。觀於前事。有以見吾言之非妄發。吾英用不載府之憲法。永建之憲權。然數百千載以來。日益盛富。假有人焉。倡暫立之權。載府之法於其間。此其為書生迂謬之論。不待言矣。而使處時事。正如大陸各國之所遭逢。則雖欲不為暫立之權。載府之憲。有必不可者。何則。其國權新集。而人心未定故也。所足異者。載府之憲法。往者吾英實創之於察理失位英民革命之時。自其子復辟以還。廢而不用。然而其法北美襲而用之於自立建國之初。由北美而傳之於法蘭西。自法蘭西而布之大陸諸國。終之乃用於歐洲之諸屬焉。❻

地方自治之制 輓近世之國家。莫不有地方自治。與中央政府。相輔而為治。此其制之所由成。必考諸各國之歷史。而後得其實。顧其制之利害。則即今現象有可言者。不必往古也。大抵內重之國。其中央政府之權最尊。而內重之形勢。多成於古一強國。以力征經營。蠶食并立之諸小部。而合於一統者。❼如今世之法蘭西。其幅員國勢。非自古而然者也。以巴黎為之樞轂。其中王者。積累世千有餘載之勤勞。漸收四鄰。合於一國。如古之白爾袞地。薌賓。布魯哇。阿基典。葛桑尼。吐魯思。不列顛尼等。其始皆建國。而今為法之部省矣。是故中央政權。法最完備。可以為法式模楷。其統馭之柄。實有以舉國中之事而盡之。雖至纖悉。皆若網在綱。有條不紊。故以大較言。雖謂法無地方自治之制。蔑不可也。義大利之治制。什八九以法為師。亦緣古薩地尼亞王族。剋伐四鄰。成於一國。

特其治不若法之烈。故義之治制。大類法蘭西。而地方自治之權亦不著。若夫地方自治權重之國。其形勢。成於外族一旦以兵力之勝而奄有之。或先進之國。倡合邦之制於群部之中。若往者之普魯士。如是則地方自治之權力。最重而實。蓋事勢所趨。非人力也。真地方自治者。其主治之人。必地方人民之所選舉推立。中央政府從而授之。一也。於地方之制置。得以便宜為取舍。不必皆受命於中央之政府。二也。中央與自治者之相臨馭也。有前定之要約權限。權限而外。地方可自適其事。三也。有是三者。其自治之權始實。否特名耳。夫地方自治之制行於英者。最古亦最善。吾英之治。實以此為之首基。其始之所由成。以種族之相異。特至於今。其異泯耳。

其制之利　若夫其制之利。則講治術者言之舊矣。顧其大旨。可略而言也。設為砥礪競爭之局。使國民人人有國家之思想。中央政府。其勢常與民懸。以自治政府為民之所自立。故常與之共休戚。通癢痛。其便一也。為國中人才之試驗場。他日策名王國。無美錦學製之慮。其便二也。土地有異宜。民材有異用。中央政府常期於同同。得地方自治。而後其地其民所獨擅者見。其便三也。中央政府得分治者之為用。可專意會神於紀綱之大者。而國事不至於叢脞。其便四也。❽其利於社會者如此。然亦有其不便者焉。以所治在一隅。而選才專於其地。故常有狹小孤陋。偏執自私之弊。一也。局小祿微。為能者所不屑。故其事常患於無才。二也。雖然。使中央政府知其所短。而為之斟酌調劑於其間。吾未見其弊之不可以終祛也。

嚴復曰。地方自治之制。為中國從古之所無。三代封建。拂特之制耳。非自治也。秦漢以還。郡縣之制日密。雖微末如簿尉。澹泊如學官。皆總之於吏部。其用人也。以年格而非以才。其行政也。守成例而非應變。此吾國之治。所以久輒腐敗。乃至新朝更始。亦未見其內治之盛也。總之中西政想。有絕不同者。夫謂治人之人。即治於人者之所推舉。此即求之於古聖之胸中。前賢之腦海。吾敢決其無此議也。往者羅馬之盛。官吏出民推擇者大半。至於叔季。君士丹丁之後。必命於朝。其時之說。謂得官必富貴有勢力者之所賜。而後為榮寵。若夫小民之所推擇。此為傭丐領袖可耳。何足卲乎。使今以此語之吾國之人。吾知其必有合也。考為上而為其下所推立者。於中國歷史。惟唐代之藩鎮。顧彼所推立者。為武人。非文吏也。故其事為亂制。往顧亭林嘗有以郡縣封建之議。其說甚健。然以較歐洲地方自治之制。則去之猶甚遠也。

合眾國家　近世言治術。於中央政權地方自治二者之分尤謹。此其義非專論不能明也。蓋十八期世界崛興之治制。所尤照灼在人耳目者。莫若合眾之國家。合眾猶合從也。合從之制。濫觴於中歐之瑞士。用於小國民社之間。乃今大陸諸國。放而脩之。遂為輓近之勝制。此瑞士國民歷史之至榮也。一千七百七十七年。華盛頓既自立。而米利堅合眾制成。至一千八百七十年。普既勝法。於是有德意志之聯邦。此畢士馬克所稱為鐵血範成之帝國也。同時有吾屬之坎納達。於一千八百六十七年。踵米利堅成法。而合諸部。最後乃用之於英屬之澳洲。此尤吾人今日所注目。而禱其有成者矣。

新制緣起　古之為合從也。以盟誓。今之為聯邦也。以約書。今之約書。猶古盟誓也。夫古亦未嘗無約書。特其為力微。不足以牽合各奮強權之列國。乃至今日。章條要約。有以責邦國之信守。或曰此公法學脩之故。或曰此宗教迷信之衰。而社會文明之進也。雖然。合眾之成。固尚有社會他因。為之用事。不僅恃約而已。德之所以為帝國也。非普魯士之兵力。無以成之。坎納達諸部之合。亦非英倫帝國主義之昌。末由致也。故日耳曼之為帝國。尚倚於鐵血之範圍。有所牽率而成之。非合從之至者也。而若瑞士之民社。北美之友邦。澳洲之藩部。則若出於一心。知其為公利而合耳。此其所以不膠而固也。今夫學法典者。莫不知方古之世。契約之力。

其所以束民者蓋微。雖有之而不守。或守之而不堅。乃至今日。國之與國。民之與民。其所以為交者。常本此而起義。雖強權猶用。契約有不可恃之時。顧以今方古。其進步可謂超然者矣。吾意繼今以往。契約之用。且以日增。而其範圍社會之力。亦以日重。此學者於久要之信。所以不可不欽欽也。

合眾等差　欲深明合眾之義。當知其事起於爭存。而以力醜德齊之故。不得已而出於並立。是以合眾之國。其始皆散處獨治之群部也。即不然。則同居一大國之下者也。以欲並立。乃為其合。然合矣。而非以為一也。是為合者。同有所欲為。同有所祈之境位。同有所欲得之權力。於是著之約書。列為條款。以共守之。然而彼非以是為壹統也。非合同而化也。部之相為異自若也。此合眾國家之真形也。是故五洲之合眾眾矣。無兩合眾。其條約盡從同者。有等差名號之異焉。而交之最淺者。莫若國主私合。此如往者韓諾華之與吾英。❾以吾王為韓人之故。外是其為合之致。有可得而等之者。如左方。自其下級。至於最高。此可以盡今世之為聯邦合從者矣。

一曰共主之合　假如兩獨立之國民。相約永受一朝廷之筦轄。而地方自治之權如故。如是者謂之共主之合。法家沿其古稱。謂之真合。今世真合最著者。莫若北部之瑞典那威。其瑞典王。永永兼領那威。載於國憲冊府。然那威自有議院。與其自治法權。乃至外交。亦自為政。蘇格蘭之於英也。昔以國主常為甥舅弟兄。為國主私合舊矣。洎一千七百七年立一王之約。始為真合。然以議院不分。故其合日固。故論政制者得以英蘇為一國。而那瑞不然。職是故耳。

次曰聯盟之合　歐洲自羅馬解紐以來。其合邦會同。皆聯盟之合也。至於近世。以其制之不神。文明國民。罕有踵其事者。今日所存。獨一而已。為合之國。其始皆分立也。以欲合故。乃各取其固有之國權。以授中央之盟長。其事為永建可也。為暫立可也。視合者為約之何如。其所授盟長之國權。大較盡於詰戎議制二者。而刑法行政諸大柄。則仍分治者之所自操。非盟長所得而問者。有時其為合起於公益之一二事。如郵政商稅圜法交犯諸端。所謂盟長者。權盡事中。為合至淺。此如昔日日耳曼之榷會。德語曰皂爾和蘭是已。顧為之盟長者。常有特握之兵柄。以征不諟。故其為合。所關於外交為深。至近世聯盟之合。莫大於日耳曼之北部。⑩遂以成今日德意志之帝國。雖盟長詰戎議制。其權至大。而刑法行政二權。則幾於無有。夫帝王所統御其國者。大柄盡於四端。乃今得其半而亡其半。此誠中央政府之權限。而制之所以不神。亦坐此。又以其無行政之權也。

故制雖立。無以責分治者之必遵。有時敗約事重。則嘗不得已而用兵。摟諸侯伐背約者。而連雞之群亦散。往者羅馬解紐。散為列強。而所謂神聖帝國者。綿綿延延。未嘗絕也。中經蛻化。成最後之德國。顧舊有之典章。雖非今世所宜。尚羈絆之而為其治之累。故學者欲明大陸政制源流。是非溯之古初。殆難晰也。

嚴復曰。歐史之最為糾紛者。莫若日耳曼帝國之始末。今之日耳曼帝國者。即古神聖羅馬帝國之委形也。日耳曼皇帝。常稱為羅馬皇帝之代表。以舊典言。則大陸中部西部。皆所統治之區。而為之帝國。稱神聖者。以其權與羅馬宗教合也。其民德意志民族。而古兼義大利之民。自李唐中葉。法之大察理第一。受釁沐於教皇。稱西帝。後其統傳於噶羅林。稱東帝。其治所居日耳曼。趙宋初。有鄂朵者。以撒遜名王。膺帝號。自此羅馬帝統。無出德意志諸部者。有元之世。其統中絕。已而奧主赫伯士保起。襲名稱。傳世至乾隆間。佛蘭碩思第二。國破於拿破崙。而帝號亦歸之。考羅馬帝號所歸。制由擁戴。而擁戴由金牛憲典所定之七選侯。每一帝崩。則是七選侯者。為之公舉。百年以往。見增五侯。是為十二。而所謂帝國者。則區為十圜之地。蓋不出德奧二邦之故地已。其崖略如此。

渝盟解從　往者米利堅南北部之戰。其事大顯聯盟合邦之弱點。南部之民。意謂米利堅合眾。其事出人為。非天成者。故雖渝盟解從。於法無不可。而北部之民不謂然也。此戰之所由起也。今澳洲合邦之制。相約非公諾不得解從。然亦不甚效也。

三曰共和之合　案共和之制。今世合邦之最為演進者也。中央政府。其權不止於詰戎議制。乃並刑法行政二大權而有之。故其合也。雖有各具主權之分治。而可合以為機體完具之大邦。此其已見者。若今北美之合眾。若坎納達之連藩。其將成者。若澳洲之公產。夫我不列顛帝國。制從其地。故未建一統之治制。有王者興。為數大端之變制改良。則可以祛其政治之分歧。而成大共和之盛制。此非意外不可跂之業也。夫共和之合邦。有其最要之形式。往者政家戴視。於論憲法書。表之最晰。蓋共和之制。有三大綱如左。

一。宜立共和之通憲。為最尊法典。百事首基。以祛中央與分治者之爭執。

二。宜著國權分操之限域。使中央分治。咸曉然於其責任義務之所當為。無越畔侵官之慮。

三。宜建無上法權。以宣憲法責遵守。其行權也。以中央與分治政府為之機關。而不為二者所牽制。

夫共和之制優矣。而遂謂其中無弱點焉。則大不可。蓋其制終主於人為。而非天合。雖有同禍福相扶持之義。然欲所合之眾。發忠愛之悃誠。若天成之國群民族。大難。夫國家之勢。所以成苞桑之鞏。磐石之安者。以民視其國之可愛。由天性之發中。故臨難之時。雖斷脰捐軀。有不顧耳。共和之邦。其得民不能如是之深可決也。此其為弱點一也。合邦甚大。而制治之機關亦繁。繁故易於叢弊。此其為弱點二也。地大機繁。其氣脈之流通必緩。緩故有事之秋。其國力難鼓。此其為弱點三也。以第一之弱點。故往者義大利之中興建國也。雖用共和之制。其業可以速成。而一時之紛爭易息。顧彼中豪傑。知其流弊。故寧捨易成之業而就其難。真高世之識也。若夫第二之弱點。則可察之於米利堅。而第三之弱點。則瑞士以小國而病之矣。凡此皆前說之明證也。獨是共和合邦之制。於人群天演。實能為無窮之體合。雖有至紛之時勢。至異之國民。得此以施。皆可相合。使世界他日不進於大同。則亦已耳。果進於是。則共和治制。將大見於後來之歷史。殆無疑也。

嚴復曰。吾譯前語。於吾心怦怦然。何則。竊料黃人前途。將必不至於不幸也。即使其民今日困於舊法。拘於積習之中。卒莫由以自拔。近果之成。無可解免。而變動光明。生於憂患。行且有以大見於世史。無疑也。今夫合眾之局何為者。以民族之寡少。必并合而後利自存也。且合矣。乃雖共和之善制而猶不堅。何故。以其民之本非一種。而習於分立故也。天下惟吾之黃族。其眾既足以自立矣。而其風俗地勢。皆使之易為合而難為分。夫今日謀國者之所患。在寡。在其民之難一。而法之難行。而吾民於此。實病其過耳。焉有以為患者乎。且吾民之智德力。經四千年之治化。雖至今日。其短日彰。不可為諱。顧使深而求之。其中實有可為強族大國之儲能。雖摧斲而不可滅者。夫其眾如此。其地勢如此。其民材又如此。使一旦幡然。悟舊法陳義之不足殉。而知成見積習之實為吾害。盡去腐穢。惟強之求。真五洲無此國也。何貧弱奴隸之足憂哉。世有深思之士。其將有感於吾言。

且世所謂虎狼國。行其先王之遺策。有長駕遠馭。并吞六合之心者。非俄羅斯乎。雖然。論者將特震於其外云耳。以言其實。則俄不足畏也。種雜。而所收者多半化之民。其弱點一也。其政之不修。弊之所叢。隨地而有。其弱點二也。財賦空虛。而猶勤遠略。其勤遠略也。正以泯其內亂。所謂至不得已者也。其弱點三也。以半化之國。與文明鄰。民心浮動。日益思亂。其弱點四也。其膚立者。以軍制耳。一役敗衄。則革命立至。其弱點五也。所收諸屬。為合不深。根本一搖。全體解散。其弱點六也。俄於戰事最有功者。前敗拿破崙之師而已。此雖天幸。然足以鼓舞其民。自茲以後。捨苦來米亞而外。未聞俄有大役也。故其兵力之堅脆。不可知之事也。此其弱點七也。其為弱點之多若此。吾意俄今之所以勝中國者。其在上之國主官吏。為文明人耳。舍此而外。實無所優於中國也。癸卯十月并識。

平等議貴兩主義　吾此書終篇。所以釋政制之殊者如右。然天下之立政以治其民也。自用法而言之。猶有二大主義焉。其為異之所關至鉅。此前人之所忽。而後賢所絕重者。是又不可以不終論也。蓋天下之政制。大較可分為二類。一曰平等之治。一曰議貴之治。準平等之治者。其國之人民。為官為私。為勳貴。為齊民。自法視之。皆無差別。其訊斷之者。同此法廷也。其科當之者。同此刑典也。循議貴之制者。其人民不僅有獨享之利益者至眾也。乃至凡在官者之行事。或全或偏。皆非尋常法廷所得問者。此用法之至殊者也。今世用平等之治者。大抵皆盎格魯之民族。其餘世界所號文明國者。皆循議貴之制者也。是故深明二制之分異者。尤吾英學者之所亟也。⑪

平等法制之國　夫所謂平等法制者。非曰官吏與齊民勢均。而不得施其用刑行政之權力也。收禁罪人。拘沒貨產。乃至檢點人家。詰察行旅。此吾國官吏所日日行者。不為過也。藉令私家行之。則有罪矣。雖然有制。

一。官吏之所以為是者。必出於奉法承職而後然。

二。假令有詰其權限者。彼官吏之自理。所就質之法廷。所服從之刑典。與齊民無攸異也。⑫使官吏所犯為公罪。孤理密法廷主之。所犯私。司域爾法廷主之。是二廷者。決不以貴賤使法有輕重也。

議貴法制之國　餘國所用之法。乃大不然。而幾於相反。凡在官奉職之人。自其至貴。至於極卑。其有所行。皆稱為國。而所行逾越權限與否。果為奉法行職與否。不深論也。其行事非尋常法廷所得過問。即不然。亦必請諸其人之上官。否則罪人不可得。夫行法之傾而不平若此。於是乎有行政便宜之一說。此其名義。出於法國。求之英文。殆無正譯。且其所謂行政便宜何耶。官吏政府。自為科條。用以請比其屬之過犯罪罰而已。夫如此而猶稱法典。則何怪大陸之民。常受官吏之束縛煩擾無窮乎。使其法而用於吾英。期月未終。革命將起。嗟嗟。彼中非無憲法也。而民權天直不可侵犯之約。又未嘗不載諸盟府也。而行法之侵而不平若此。

嚴復曰。泰東諸國。議貴之法。固亦有之。然所施至狹。不若歐西大陸之為制也。然則泰東諸國。用平等法乎。曰固也。雖然。吾聞孟特斯鳩嘗論之矣。曰盎格魯之民。與泰東之民。法典之二極也。盎格魯之民。最自繇者也。泰東之民。無自繇者也。故於用法也。盎格魯以最自繇而平等。泰東以無自繇而亦平等。譬之數然。至於為無。皆等分也。君王而外。其餘皆奴婢僕妾而已。奴婢僕妾。又何必為之等差也哉。此孟氏之說也。

法異所由　夫盎格魯之民。與餘種之民。法之相異如此。是亦有可言之故者乎。曰有之。且言其故有先於不佞者矣。美之法家曰羅額勒者。嘗為指最確之證於歷史。非臆說故可用也。其言曰。英治之為演也。其法權先成。而政權後立。故當行政威柄之日張也。刑法權以其制之完備。而勢力之重也。常有以制伏而繩糾之。使不敢肆。十七世紀至於十八世紀之初。吾英刑政二柄之爭嘗烈矣。而卒之法權大勝。此不獨區區三島之幸福也。逮其民族自東徂西。開國北美。乃挾其故所有者。而用之於新邦。蓋其制已為吾種與生俱賦之天直。懔然有必不可侵犯之勢。至於大陸之治之為演也。其事正反。其法權之立。乃在政權既重之餘。故其民被服成俗。視執政柄者有帝天之威。父師之嚴。而法權幼稚。方仰鼻息於政權。不為國民之所畏。當此之時。雖有明法之家。為之張皇補苴。以蔚成一國之法典。而彼行政之官吏。怙其尊位矣。使伏於法權之下而不甘者。亦其所也。此二制相異之實因也。今使有譏大陸諸國以用法之不平者。彼且復之曰。是固有所不得已。使不如是。將行政者威權輕褻。而政府之勢且不安也。⓭是彼之意。以為使行政者不為境內治安。則亦已耳。藉使為之。則侵犯下民之自繇。而破決尋常法典之防者。所不得免者也。且行政者必其身貴權尊。而後有以資彈壓。使官吏之身。有事與鄉國小民。同受羈軛於法權之下。是與為治之意。已相背馳。惡乎可乎。乃為指吾英之事實曰。果如若言。將不足以資彈壓者。莫若吾英之政府。乃今日宇內。用英之法制眾矣。未覩其威嚴輕褻。而安重不傾遜於大陸者。又何耶。彼之聞此。將衺頭竦肩而張兩手。⓮曰。是固汝盎格魯之特性。非所論於他種人者矣。其自護之堅如此。往十八世紀間。法之孟特斯鳩諸賢。皆深明法學之士。其論治制也。嘗低佪流連於英之憲法。而其所反覆致意者。尤在刑憲政三權分立之制。顧吾英之法意。在刑法權獨立。不受制於行政權。而大陸政家。則以為行政之權。宜無受制於刑法。自法民革命。大陸治制。毀而再造者多矣。然其稱分權之義猶如此。嗚呼名學。固審理辨惑之利器也。而有時操之者割如此。則為辨者可不慎歟。

全書結論　嗚呼。社會之為變亦繁矣。觀其歷史。蓋總總紛紛如也。於總總紛紛之中。為求其天演層出之秩序。是固吾力所未逮。而是編所可言者。亦止此矣。夫言治術者。其學派至不齊。或且曰宇內之所呈。隨地所偶見。使其意而如是也。則於茲編之所議。宜淡漠而置之。然使有人焉。知歷史之事。雖其來若無端。實皆依於天理。為最大公例之流行。而處處從外緣為殊異。故殊塗百慮。其歸墟將同。第使其意而如是也。其諸與不佞之所懃懃。亦有合乎。而以為非妄作者乎。且治術之事。從其一方而觀之。雖議其貪天之功。徒離跂攘臂於桁楊梫槢之間可耳。乃更自其一方而觀之。則固生人所待命者。雖求進者其力若至微。而所得若至不足道。然而其意固可尚也。何則。是固根於人性之至深。而以人仰人。以人為人。將伯之助。施濟之功。極於此事而止矣。夫能群者非人道歟。有治術而後能群之實著。此亦六合見象之至不可揜者也。然則彼持不倚之心。以蒐討此業者。不可訾矣。雖有時若嵬瑣煩猥。顧其至誠。不可以隱。嗟乎。自天演言。千春猶旦夕耳。必謂從治術之日進。而人倫有以詣極。驗天賦群德之不虛。此其為時或尚遠耳。雖然。本誠心以求公益。建真理以俟後來。世有一人之自將。人有一日之無怠。皆取其途而日促之也。皆指其鵠而日明之也。惟古哲人。所自任者如此。而吾黨之功所以大足恃也。

附註

❶ 蒙訥之為言獨也，阿基之為言治也。

❷ 亞理斯托此言最賢，括拉寺此言政，蓋兼貴貴尊賢二義。

❸ 德謨猶言齊民。

❹ 譯曰國眾，即此為本科學術之名。

❺ 自注云獨義大利，其憲法皆載府矣，而為尋常憲權所可更易，奧法二國憲法之制，介於彼是之間，然其憲法載府者，特一部分耳。

❻ 按法權分永建暫立，憲法分載府與不載府，此必民權甚張之國，而後有之，且其制必用之，為革命之後，觀所述之流轉，可以知大概矣。

❼ 按中國古秦，而今日之俄羅斯，皆正如此者。

❽ 按若對於吾治而言，則人視其地皆祖宗墳墓之鄉，子孫蕃殖之所，故有利必為之舉，有害必為之除，不若銓流之官，視所居如傳舍，其便五也，為其民之所舉，耳目必周，無措直舉枉之可慮，其便六也。

❾ 起一千七百十四年訖一千八百二十七年。

❿ 起一千八百六十六年訖一千八百七十年。

⓫ 自注云平等之制，義大利始造邦時嘗欲用之，然而累試而終不效，其他如瑞士、如瑞典、

那威，皆舊用之而後廢者。

⓬ 自注云，雖在平等法制之國，亦有不可一概論者。如王與后，其躬例神聖不可干犯、不可訟訊者。至於臣下，則不能以奉令受遣，為作奸犯科之干盾。爵貴之受法也，其所質之法廷不同，而所服之刑典無異。又如議員，其當官之時，其小過不可以議，此皆吾法之不一者，雖然以比大陸，則九牛之一毛矣。

⓭ 按漢賈誼之說與此論正合。

⓮ 按歐大陸人，遇語窮計絕，則為此態。

社會通詮中西名表

一劃

一鬭為決　Trial by battle。

三劃

三田之法　Three field system。

大食　Arabia，今譯阿剌伯。

小國民社　Cantons。

工賈行社　Gild。

工聯　Trade Union，今譯工會。

四劃

不列顛尼　Brittany，今譯布勒塔尼。

不貲之罪　Bootless wrong。

不載府法典　Unwritten constitution。

不魯圖　Brutus，今譯布魯特斯。

中古政法論　Law and Politics in the Middle Ages。

丹尼則勒　Danegelt。

公須達不爾　Constable。

天演判分　Specialization of functions。

太德　Tithes，十分之一。

巴里思　Ballys。

巴法利亞　Bavaria，今譯巴威。

巴社　Pathans。

巴芝　Brazilians，今譯巴西人，按此處所謂巴西，乃指巴西之土人而言。

巴烈們　Parliament，國會，議院。

巴察爾　Bazaar。

支長　Minor patriarch。

文身黥刻　Tattooing。

文摩蘭　Boomerang，今譯飛去來器。

木客　Bushmen，今譯布西曼人或布須人。

比路芝　Belúchis，今譯俾路芝人。

火令　Curfew。

王者之治安　King's peace。

王路　King's highway。

五劃

以色列　Israel。

代表　Political Representation。

出占　Vote。

出律之法　Outlawry。

加赤斯　Caches。

可汗　Khan。

可羅拉都紅人　Colorado Indians。

古社會　La Cité Antique，書名，為顧蘭芝所作。

司城爾　Civil wrong，私犯。

台思班都盧　Teisbanteuleu。

尼祿河　Nile，今譯尼羅河。

布利耶　Breyr。

布呂多利　Prætors。

布阿士　Boers。

布爾則斯　Burgess。

布爾格爾　Burgher。

布魯哇　Blois，今譯布臘。

布盧喜　Blücher，今譯布呂協，德之名將（1742-1819）。

平疇　Open fields。

弗底爾　Fuidhir。

弗底爾　Fuidhir。

札命闍　Zamindar。

民律　Folk-laws。

田野制度　Organization of agriculture。

田斯頓　Thaneston。

白幹柢　Burgundians，今譯勃艮第。

白爾袞地　Burgundy，今譯勃艮地。

白爾袞地　Burgundy。

立憲政府　Constitutional government。

六劃

交易　Barter。

伊斯邁里　Ismail。

伊體魯白　Æthelbirht。

休田為牧　Field-grass system。

伏來色　Flaith。

伏烈大力　Frederick the Great，今譯腓特烈，普魯士王（1712-1786）。

伏理舍　Frisia，今譯法里森。

共主之合　Real Union。

印度公司　East India Company。

吉布施　Gypsy。

吉稜　Gillen。
吉爾戛　Jirgah。
吐力札什德　Tricha Ceds。
吐魯思　Toulouse，今譯土魯斯。
各耕　Several farming。
合從　Federal。
合眾國家　Composite State。
地方自治　Local government。
地主之制　Landlordism。
夷典　Leges Barbarorum。
安丹曼尼　Andamanese，今譯安達曼。
安都拉沁　Antrustion。
成師　Thanes。
朱俺　Juangs。
米爾漢查　Mir Hamzah，穆罕默德之叔。
羊牧　Squatters。
耳呼　Earl。
血鬬　Blood feud。
血鍰　Blood fines。
行社　Gild。
行部之理官　Itinernant judge。

衣塞林　Etheling。

西衛　Welsh，今譯威爾斯人。

七劃

佗匿思特　Tanist。

佛蘭碩思第二　Francis II。

伯利翰　Brehons。

伯林思　Prince。

伯林瑟　Princeps。

伯理璽　President。

克郎　Clan。

克倫摩爾　Cromwell，今譯克倫威爾，英之 dictator（1599-1658）。

別思狄基　Bestigi。

均畮　Equality of holdings。

坎納達　Canada，今譯坎拿大。

希納多　Henadwr。

希密特　Schmidt。

希羅邑社　The City-State of the Greeks and Romans。

扶孃　Bridesmaids，今譯女儐相。

束百的圖　Subditus，降人之義。

束百捷　Subject，降人之義。
杜國　Transvaal，今譯脫蘭斯瓦爾。
沙拉先　Saracen。
沙爾洗理　Saer Ceile。
沁奴特　Ciniud。
沃丁　Odin，斯干的那維亞之神話中之人物。
狄阿爾　Shire。
皂爾和蘭　Zollverein。
良士　Bestman，今譯男儐相。
里甫　Reeve，鄉吏。
里圉　Pound-keeper。
忒能都里　Tenandries。

八劃

亞克　Acre，噉。
亞里斯多德　Aristotle，希臘哲學家（384-322 B.C.）。
亞理斯托括拉寺　Aristocracy。
亞博　Abbot，僧院長。
佩里尼　Pyrenees，今譯庇里尼斯。
兩田之法　Two field system。
刻羅狄　Keltic，英國人之一種。

刻羅狄種人　Keltic people。
制作　Enactment。
協力夫　Sheriff。
夜德林　Yardling。
奈德　Knight，今譯武士（中古時代之武士）。
孟加拉　Bay of Bengal，在印度半島及緬甸間之海灣。
孤林雅各　Jacob Grimon，德之言語學家及法學家（1785-1863）。
孤里亞　Curia。
孤理密　Crime，公犯。
孤爾德　Court，朝廷。
宗法社會　Patriarchal or tribal society，今譯家長制社會。
宗法　Kinship。
宗教變形　Reformation。
定制　Institution。
庚脫烈　Cantred。
底阿律洼　Dialwr。
所生產者　Production。
所易得者　Exchange。
所習用者　User。
所虜獲者　Seizure。

拉體諾　Latin Land。
拂特封建　Feudalism。
拂箖帝國　Frankish Empire。
拂箖郎　Frankland，今譯佛郎克蘭。
拓弗特　Toft，園。
拔克　Balks。
易種增糞　Convertible husbandry。
昆彌　Comes。
朋密礓　Pemmican。
武葉陀　Veddahs。
波里狄思　Politics，政治。
波埃爾　Boaire，有畜之家，愛爾蘭古社會民階級之一。
波埃爾　Boaire。
法民革命　French Revolution（July 14, 1789）。
法典　Legislation。
法和魯　Favre。
治制　Politics，今譯政治。
治術論　Politics。
社會形式　Types of society。
社會通詮　A History of Politics。
舍爾黎　Surrey，今譯薩立。

芬丹　Finntan。

陀理安尼　Lex talionis。

阿敘利亞　Assyria，今譯亞述或亞西利亞，亞洲之古國。

阿克白　Akbar。

阿利安　Aryan。

阿格哈　Agha。

阿基典　Aquitaine。

阿戞　Akkas，今譯阿卡人。

阿富汗　Afghanistan。

阿爾赤霞阿　Alcheringa。

阿締盧　Ordeal。

阿羅歷　Alaric，今譯阿拉列，西峨特王（350?-410）。

九劃

冒栗斯人　Maoris，新西蘭等處之土著。

南非遊記　Narrative of an Explorer in Tropical South Africa。

叛逆　Treason。

契執例　Copyhold customs。

威丹　Witan。

威林頓　Duke Wellington，今譯威靈敦，英之名將（1769-1852）。

客農　Selectors。

政黨　Party system。

柏和特狹河　Dedfordshire。

毗爾　Peer。

洗理　Ceile。

洗理　Ceile。

洗割之禮　Circumcision。

界水　Territorial water。

約書　Contract。

美髮王哈羅德　Harold Fairhair，英王（十一世紀）。

耶路撒冷　Jerusalem，在巴力斯坦。

英民革命　Civil War（1642-1649）。

軍政　Military allegiance。

郎養　Auguste Honoré Longnon，法之史地家（1844-1911）。

革雷特　Crete，今譯克里特，地中海東部之大島。

十劃

冢子　Grand prince。

原富　Wealth of Nations，斯密亞丹所著，中譯本亦為本書譯者所譯。

唆魯　Saul。
夏威夷　Hawaii。
夏律芒　Charlemagne，今譯查利曼。
奚里託　Heretoch。
奚理拓科　Heretoch。
峨特教寺　Gothic Church。
恩供　Benefice。
拿破崙法典　Code Napoléon。
根德　Kent，今譯肯德。
桂里　Gwely。
桂里奧　Tin Gwelyawg。
海漠屈林拉　Heimskringla。
涅彌　Nemé，富民編戶，愛爾蘭古社會民階級之一。
狼巴邸　Lombardy，今譯倫巴底，在意大利北部。
班札布　Panjab，今譯判查布，西南英屬印度之一省。
盎格魯撒遜　Anglo-Saxon，今譯盎格羅薩克森。
神庇　Sanctuary（據中世之宗教法，此等地方享有一種治外法權，罪人等逃避於此，可免逮捕）。
粉飾　Fiction。
紐芝蘭　New Zealand，今譯新西蘭。
紐芝蘭島　New Zealand，新西蘭島。

茵達思脫理　Industry，今譯工業或實業。
郝伯士保　Hapsburg。
郝略爾　Warde Fowler。
郝維德　A. W. Howitt。
馬六甲群島　Malay Archipelago，今譯馬來群島。
馬克　March。
馬克穆勒　Max-Müller。
馬磔　Market，今譯市場。

十一劃

區匿　König。
曼奴法典　Code of Manu。
國主私合　Personal Union。
執抵權利　Reprisal。
婆羅洲　Borneo，馬來群島中之大島。
寄養之事　Fosterage。
密結華　Mit Gefahr。
將衛　Champion。
康士坦丁　Constantinople，今譯君士坦丁堡。
康邦宜　Company，公司。
庶長　Council。

從眾　Verdict of majority。
徠民之部　Immigration Bureau。
悉錫利島　Sicilies，在意大利南之地中海中。
悉蘇力思　Seisrighs。
探丸　Ballot。
族人宗法　Clannish。
條頓種人　Teutonic tribes。
率典　Customary management。
理佛留顯　Revolution。
理物浦　Liverpool，今譯利物浦。
畢士馬克　Bismark，德國宰相。
畢協　Bishop，教會中之主教。
畢訶羅格　Bi.raark。
荷魯哇　Roi。
荷賴耶呼　Royal。
訥都　Nardoo。
通行律　Common law。
通耕　Champaign farming。
連坐　Joint liability。
部都督　Royal lieutenant or governor。
麥音顯理　Sir Henry Maine，英之法學家及歷史家（1822-

1888）。

麥爾　Maire，鄉志。

十二劃

凱拉支　Khiraj。

凱撒　Cæsar，羅馬大政治家，大將及大著作家（B. C. 100-44）。

喀斯德　Caste。

彭　Pen。

提渥多力　Theodoric，今譯狄奧多里。

斯巴尼亞　Spain，今譯西班牙。

斯底勒保　Steelbow lands。

斯美德　Smith。

斯堅尼　Skene，英儒。

斯堅尼　W. F. Skene，蘇格蘭歷史家。

斯密亞丹　Adam Smith，英之經濟學家（1723-1796）。

斯密羅勃生　William Robertson Smith，蘇格蘭人（1846-4894）。

斯彭沙　Baldwin Spencer。

普羅勃諦　Property，產業。

欽　Kin。

欽　King。

無上主權　Sovereignty。

答布　Taboo。

腓墟　Vesh。

華蘭支種人　Varangian。

訶爾巴　Orba。

貂克　Duke。

貂克　Duke。

費耐　Finé。

費孫　Lorimer Fison。

費密理　Family。

費爾密德婆　Fer Midba。

費默勒　Famel。

貴族齊民之爭　Struggle between the patricians and the plebeians。

鄂朵　Otto。

鄂里沙　Orissa，今譯奧理薩。

鄂斯福國學　Oxford University，今譯牛津大學。

鄂謨　Homer，今譯荷馬，希臘最早之詩人。

鄂謨爾　Homer，見鄂謨。

鄂羅獨　Alltuds。

鄉社　Village community。

鄉社工業　Village craftsman。

開寧　Cyning。

黑死　Black Death。

黑闇時代　Dark ages。

貾　Fee。

十三劃

塞奇維廉　William Sikes。

塞爾甫　Serf。

塞爾懷勒　Sewile lands。

愛爾蘭　Irish。

愛德華第一　Edward I，英王（1239-1307）。

盟而解仇　Swear the peace。

群蚩　Pitchi。

聖波羅寺　St. Paul，今譯聖保羅寺，在英之倫敦。

葉德斯泠　Aed Slane。

葛桑尼　Gascony。

葛路遺　Clovis，今譯克羅維斯。

葛爾敦　Francis Galton，英之旅行家及著作家（1822-1911）。

載府法典　Written constitution。
達比狹河　Derbyshire。
達斯馬尼亞　Tasmania。
達爾洗理　Daer Ceile。
達摩拉地　Damara Land。
鈹丹包爾　Baden Powell，英之哲學史地家（1796-1860）。
搉使　Exchequer。
衙鬻　Pedlar，今譯行販。

十四劃

圖洼汁　Toisech。
圖曼馱　Tumandár。
圖騰社會　Totemistic society。
察理　Charles the First（1625-1649），英王。
暢耕　Extensive cultivation。
瑪若理思　Maoris，在新西蘭附近地之人（見前冒栗斯人）。
甄克思　Edward Jenks，英人，曾充牛津大學法律學reader。
福脫　Vote。

種人宗法　Tribal。

窩得祿　Waterloo，今譯滑鐵路，在比利時境，一八一五年六月十八日拿破崙大敗於此。

維西峨特　Visigothic，即西峨特。

蒙訥阿基　Monarchy。

賕　Bribe。

獝狎　Dyaks，今譯帶阿克人。

十五劃

德謨括拉寺　Democracy。

摩西　Mosaic。

摩根　Lewis Morgan，英國人類學家（1818-1881）。

摩馬爾　Mormaer。

摩答拉　Madras，今譯馬德拉斯，印度海口。

撲伯　Pope，教皇。

撒孫尼　Saxons，今譯薩克森。

蔚藍德　Uitlanders。

賦力　Forced labor。

魯拉慶保　Rachimburgs。

墨加　Mecca。

噶他查　Cottagers。

噶烈　Caribs，今譯卡立布人。

噶翁邸　County。

噶嗡脫　Count。

噶羅弗特　Croft，家宅附近之圃。

撻實圖　Tactitus，今譯塔西佗，羅馬史家（55?-aft. 117?）。

獨克思　Dux。

獨斷政府　Autocratic government。

盧奕　Rurik，斯干的那維亞之太子，為俄國建國之祖，約在九世紀間（?-879）。

穆護默　Mahomet，即 Mohammed，今譯穆罕默德，阿剌伯之預言家（570-632）。

融景　Dissolving view。

諾曼　Norman。

賴　Ri。

賴耶　Raja。

選主　Elective。

錯耕　Intermixed plots。

錫蘭　Ceylon，印度洋中之大島。

默唆撲德美亞　Mesopotamia，今譯美索不達米亞，在幼發拉的（Euphrates）及底格里斯（Tigris）二河之間。

默噴　August Meitzen，德之著作家。
薌賓　Champagne。

十七劃

儲酋　Heir apparent。
轅田　Alterations of crop and fallow。
韓諾華　Hanover。
繇氓　Yeorman，自耕田地之農民。

十八劃

舊約　Old Testament。
薩地尼亞王族　House of Sardinia。
薦附　Commendation。
額布寧　Eponym。
額思氣摩　Eskimos，今譯伊士企摩人。
額柏白　Egbert今譯愛格白，西薩克森王（770?-839）。
額格白　Egbert，今譯愛格白，英王（770?-839）。
額理查白　Elizabeth，今譯依利薩伯（1558-1603），英王亨利第八（Henry VIII）之女，後為英國女王。
額斯達　Estate，基業。

十九劃

懷金種人　Vikings。

攀察耶　Pancháyat。

羅馬令尹之官　Dictator。

羅馬民王　King of the Romans。

羅馬律　Roman Law。

羅馬神聖帝國　Holy Roman Empire，起於 906 年，終於 1806 年。

羅德　Lord，即主或貴人。

羅額勒　Lawrence Lowell。

鼪鼫　Wallaby，普通稱鼬。

二十劃

孃子錢　Maiden fee。

蘇洼比亞　Swabia，今譯斯瓦比亞。

蘇格蘭山部　Scottish Highlanders。

議制　Legislation。

二十一劃

顧蘭芝　Fustel de Coulanges，十八世紀法之著作家。

二十四劃

鸕鶓　Emu。

二十五劃

鼷鼪　Opossum，普通稱鼰。

三十二劃

籲請　Petition。

嚴復先生翻譯名著叢刊

社會通詮

作者◆愛德華・甄克思 Edward Jenks
譯者◆嚴復
發行人◆王學哲
總編輯◆方鵬程
主編◆葉幗英
責任編輯◆徐平
校稿◆鄭秋燕
美術設計◆吳郁婷

出版發行：臺灣商務印書館股份有限公司
台北市重慶南路一段三十七號
電話：（02）2371-3712
讀者服務專線：0800056196
郵撥：0000165-1
網路書店：www.cptw.com.tw
E-mail：ecptw@cptw.com.tw
網址：www.cptw.com.tw

局版北市業字第 993 號
臺一版一刷：1977 年 8 月
臺二版一刷：2009 年 5 月
定價：新台幣 350 元

ISBN 978-957-05-2369-0

社會通詮／愛德華・甄克思（Edward Jenks）著；嚴復譯
.-- 臺二版. -- 臺北市：臺灣商務, 2009.05
面 ； 公分. --（嚴復先生翻譯名著叢刊）
譯自：A history of politics
ISBN 978-957-05-2369-0（精裝）

1. 社會變遷 2. 社會發展

541.4 98002948

ISBN 978-957-05-2369-0 (541)
9 789570 523690
38300040 NT$350

讀者回函卡

感謝您對本館的支持，為加強對您的服務，請填妥此卡，免付郵資寄回，可隨時收到本館最新出版訊息，及享受各種優惠。

姓名：________________ 性別：□男 □女

出生日期：____年____月____日

職業：□學生 □公務（含軍警） □家管 □服務 □金融 □製造
□資訊 □大眾傳播 □自由業 □農漁牧 □退休 □其他

學歷：□高中以下（含高中） □大專 □研究所（含以上）

地址：________________

____

電話：（H）____________（O）____________

E-mail:________________

購買書名：________________

您從何處得知本書？

□書店 □報紙廣告 □報紙專欄 □雜誌廣告 □DM廣告
□傳單 □親友介紹 □電視廣播 □其他

您對本書的意見？（A/滿意 B/尚可 C/需改進）

內容____ 編輯____ 校對____ 翻譯____

封面設計____ 價格____ 其他________

您的建議：

____

____

____

臺灣商務印書館

台北市重慶南路一段三十七號 電話：（02）23713712轉分機50~57
讀者服務專線：0800056196 傳真：（02）23710274
郵撥：0000165-1號 E-mail：ecptw@cptw.com.tw
網路書店網址：www.cptw.com.tw